良平さんの描いた船の世界

世界の船の民芸品コレクション・船旅の資料展示

あのコマーシャルを見ながらハイボールが飲めるトリスバー再現

アトリエでアンクル船長が制作中　瀬戸内海の夕日が美しい

柳原良平のミュージアム

アンクル船長の館

入場料　大　人 300円(20名以上の団体250円)
　　　　子ども 200円(20名以上の団体150円)
開館時間　午前10時〜午後5時（季節により変わることがあります）
休館日　火曜日（但し、祝日の場合は翌日）
アクセス　福山駅・松永駅など駅前はバス停行基が浜バス停下車
お問合わせ 〒720-0591 広島県尾道市浦崎町浦ガ浜 電話／084-987-5122
ホームページアドレス http://www.ukiuki.co.jp/uncle/

柳原良平の世界

　本当は先生と呼ぶべきところであろうが、ここではあえて良平さんと書かせていただく。また良平さんと言えばサントリーのキャラクター"アンクル・トリス"であるが、本書は船キチとしての良平さんに限って出演願うことにする。

　私みたいな者が良平さんのことを書くのに値しないことは充分承知している。今回取り上げさせてもらったのは、ご自身もたくさんの著書を出され、横浜みなと博物館からはご本人の名前の付いた本も出版されている。今更なんだという気持ちは、私の中にもある。それも数度、正確に言えば六度だと思うがお話をした程度の、お付き合いというほどにも当たらない関係であった。

　ただ亡くなられて気になっていたのは、代表的な作品はどの本にも取りあげられているが、私的なものやあまり公開されていないものもたくさんある。今度の本を出版するにあたって勇気をもって奥様に私的なものを公開してよいかお手紙を差し上げたところ、快く承諾を頂くことができた。

　先ずは良平さんの経歴を紹介しなければならないが、多数の本が出版されているし、読者の大部分の方が私より詳しいと思われるので、『柳原良平の仕事』の最後のページに書かれているものに留めたい。

1931年　東京都杉並区に生まれる

1954年　京都市立美術大学(現・京都市立芸術大学)卒業後、寿屋(現・サントリー)に入社。キャラクター「アンクルトリス」を考案し、広告、出版の世界で活躍。

　　　　電通賞、毎日産業デザイン賞など、受賞多数。装丁の仕事も多く手がけ、その数は300冊を超える。

柳原良平さんとともに駆けた5隻の客船たち

消えた航跡

3

小松健一郎

KENICHIRO KOMATSU

はじめに

　今回のテーマは、少年時代から青年時代にかけて少しだけ交流があった柳原良平さんが関わられた客船を中心にしました。前々から良平さんの年賀状（揃っているわけではないですが）を公にしたいという気持ちがありました。今回、ご家族から快く了承をいただきましたので、合わせて展覧会の案内状、会社の広告などを掲載します。それに良平さんの関わられた船の一生などを中心に、修学旅行船、戦前の客船、内航客船などをテーマにしました。

　「舞子丸」は良平さんが新婚旅行に乗られた船で、後に修学旅行専用船になりました。瀬戸内海汽船「しろがね」、４社に所属した「須磨丸」、外国客船初乗船「ラーリン」、最後に「こがね丸」。客船（正確には貨客船も多いですが今回は客船と表現します）ばかりで、とりわけ関西汽船や瀬戸内海汽船、大島運輸の船がよく出てきます。この３社には憧れを持っていました。だいたい関西地方以西に住む船愛好家は大好きだろうと思います。私もその端くれです。

　２冊目の本を書きながらぼんやり気がついたことがあります。出版する動機は前書に書いたとおりでありますが、船を追いかけながらそれにかかわった人々のことを思いながら書いていたことに気がつきました。これまで船そのものの歴史が（私たちは船歴と呼ぶ）人の人生と

同じように感じてきました。しかしそれだけではないことを発見しました。就航式で胸を張ってテープカットした社長、進水式の餅投げをしてそれを夢中で拾っていた少年、会社が終わるときの社員の気持ちなどフネにかかわった人々の想いを重ねていた自分がいることに気がつきました。はっきり分かりませんが船を通して私に教えてくれるものがあるように思います。これからもその気持ちを大事にしたいと思っています。

　もう一つテーマをざっと見て気がついたことがあります。どのテーマもほぼ1960年〜1980年代（今回はもっと古い船も）のものです。この時代は、外国客船で言えば定期航路が終わる時代でクルーズ船への転換のとき、内航客船をみると純客船からフェリーや高速船に変わる時代です。私が船を好きになった頃から青春時代の船たちを追いかけていることに気がつきました。確かに現代の10万トンを超える客船を見てもドキドキします。朝早く起きて撮影しに行く気持ちは、多分子どものころの遠足と同じです。しかし10万トンよりも1,000トンのフネに魅かれることの方が何倍も強いように思えてなりません。やはり、フナから始まりフナに終わるのかもしれません。

　執筆にあたっては今回もまた、たくさんの方のお世話になりました。感謝いたします。

目 次

凡例

（1） 本書は純客船、貨客船を対象にしたが、区別せずすべて客船と表記した。

（2） トン数は全て総トン数であるが、不明なものは単にトンと表現した。

（3） 外国語は、カタカナ表記と英語をそのままにした場合とある。

（4） 資料によって違いがあるものは（ ）で表記したり※のあと表記したものもある。

（5） ダイヤは、会社発行の時刻表に基づいているが、中には他の資料や新聞記事、広告からのものもある。

（6） 1999年（平成11年）から計量法の改正が行われメートル法を基準とするSI単位へ切り替えられ馬力（PS）がキロワット（KW）に変わる。本書が扱う船はそれ以前のものなのでそのまま馬力を使用。ちなみに1馬力（PS）＝0.7355（KW）である。

（7） 写真は自分で撮ったものやコレクションを優先し、撮影者が分かっているものは氏名を掲載させてもらった。氏名が入っていないものは、自身の撮影かコレクションである。

（8） できるだけカラーの写真や印刷物を優先して掲載した。

（9） 引用は字体を変え、中略なども明記し、一部表現を変えたり現代仮名遣いにしたものもある。

（10） 出典は可能な限り引用物の下に表示した。章末には参考文献一覧を載せた。

（11） 第1作「消えた航跡　20世紀に駆け抜けた38隻の船たちの軌跡を描く」（2018年9月刊）を「前書」、第2作「消えた航跡2　昭和・平成を駆けた27隻の船たちと高知3造船所の記録」（2020年3月刊）を「前書2」と呼ぶ。

船好きとしても知られ、船についての著作が多数あり、船や港を
テーマにした展覧会を各地で開催。

ここに挙げたものは日本広報協会が後援した航海セミナーに寄せた
ご本人のものである。

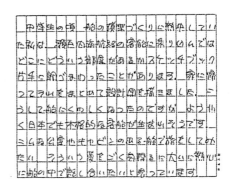

このセミナーは 1987 年 3 月 20 日から 3 泊 4 日日本沿海フェリー「え
りも丸」船上で実施された。「クルーズ元年」と言われるほど日本の客
船が就航する 2 年前のことである。

　文章を読みやすくするため下に書くと、

　　中学生の頃、船の模型づくりに熱中していた私は、瀬戸内海航路
　の客船に乗り込んではどこにどういう部屋があるかスケッチブック
　片手に調べまわったことがあります。家に帰ってそれをまとめて設
　計図を描きました。こうして船にくわしくなったのですが、ようや
　く日本でも本格的な客船が生まれそうです。こんな公室やキャビン
　のある船で旅をしてみたい、そういう夢をごく気軽るに大いに熱心
　に船の中で話し合いたいと思っています。

　私は良平さんとの交流があったわけではないので、お人柄を知らな

い。最初は本書に載せるのはイラストだけと思っていたが、やはり少しだけお人柄にも触れたいと思うようになった。そこで昔読んだ山口瞳さんの本を思い出して、失礼ながら中略を入れながらそのまま載せることにした。ごく簡単にするため大作家の文章を略したりした失礼をご容赦いただきたい。

　昭和34年12月31日（つまり大晦日であるが、）江分利の母が死んだ。…江分利は金を借りに車を飛ばす。大晦日だというのに嚢中２千円、これでは困るのだ。…東西電機の同僚で江分利と親しくしかも持っていそうなヤツは柳原しかいなかった。…柳原は玄関を掃除していてすぐ奥へ入って、笑いながら、通帳と印鑑をわたしてくれた。この時、なぜ柳原が笑っていたかというと、出がけに電話で母の死を言ったつもりなのに、そして会ってすぐ「突然でねえ、血圧だ、日も悪いし」ぐらい言ったつもりなのに、柳原は新年に出社してはじめて事情を知ったという。（どうもこれは江分利の負けらしく、江分利は蒼い顔をして金を貸せとだけ言ったという。柳原は、また江分利の父が穴をあけて、切端つまって大晦日に金を借りに来たのだと思ったという。当時、いや現在でも江分利の父のためにダマッテ金を貸してくれるのは柳原ぐらいのものだろう。そのことだけでも江分利の負目は負ってしまった。笑いながら通帳ごと渡すなんざニクイじゃないの）
　　直木賞受賞作『江分利満氏の優雅な生活』の「おふくろのうた」より

　次に、文藝別冊 永久保存版『山口瞳　江分利満氏、ふたたび読本』（河出書房新社刊）の森山裕之氏の「山口瞳を味わうための10章」の「5 アンクル・トリス」から引用してみる。
　正直に書く。山口瞳の本を買い始めた最初は、中身より、柳原良

平の装丁が目当てだった。山藤章二、安西水丸もそれぞれいいけれど、やはり私にとって山口瞳の本の挿画は、柳原良平に限る。

　山口さんが、良平さんの著書『アンクル・トリス交遊録』に書かれた良平さんを紹介する文章がある。
　　無類の正義漢　柳原良平
　柳原と長いあいだ一緒に仕事をしてきて、
　彼の「侠気」にどれだけ助けられたか
　計り知れないものがある。
　彼は無類の正義漢である。
　私は、できるだけ多くの人に、
　彼の芸術と事業だけでなく、
　柳原良平という男を知ってもらいたいと
　強く願っている。

　その『アンクル・トリス交遊録』は、「船の本」とは違った良平さんの素顔が見えてくる本である。ご自身の半生を40歳代に書かれたものである。今回読み返してみて滅多に本に線を引かない私が、赤線を引いているところを見つけた。それは次の箇所である。
　　その年の秋、開高クン（筆者注：開高健、芥川賞作家）につづいて私も辞表を提出し、嘱託になった。これ以上社外活動で上長に気をわずらわせるのは申し訳ないと思ったからである。およそ五年間のサラリーマン生活だった、その間、自慢にもならないが無遅刻・無欠勤、それは私がマジメだからというのではなく、意地っぱりだったからである。やりたいこと、好きなことをするために弱点をつくりたくなかったからにすぎない。

同書からもう一か所紹介してみたい。

　確かにイラストレーターが大きく社会に影響を及ぼすと思うのは私の思い上がりかもしれない、イラストレーターだの漫画家はその時、その時、人気のあるようにしていればいいものかもしれないと思った。かといって私自身は時流に乗らずガンコに自分の気持ちを通して大ぜいの人に影響を与えるようなイラストレーターでいたいし、責任を持ちたいと思っているが。

良平さんの乗船記録

　良平さんは、どんな船に乗ってきたのだろうか。改めてまとめてみたいと思い、横浜みなと博物館発行の本『RYOHEI　YANAGIHARA』を基に他の本、資料を合わせて作ってみた。

　トン数については良平さんの本を主にしている。特定できない年は下にまとめた。同船者は、書かれている人だけとした。この表を完成した後で横浜マリタイムミュージアムが作った「船の画家　柳原良平」の巻末に詳細な乗船歴（ご本人が記録されていた）が載っているのを発見。さてどうしたものか、掲載は不要かとも考えたが、もう絶版になっている資料なので修正できる個所はして、残りはそのまま載せることにする。

　改めて見ていると、戦後の客船史そのものであるような気がした。

年	年齢	船名など	トン数	同船者	備考
1938	7	琵琶湖遊覧船			初めて船に乗る
1940	9	山水丸	812		
		徳島丸	407		
		うらら丸	408		
		第18共同丸	864		

1947	16	氷川丸	11,622		2等A 初外洋船　90頁参照
		むらさき丸	1,598		
1955	24	舞子丸	1,035		
		第11東予丸	226	奥様	新婚旅行
		つるみ	418		
1957	26	橘丸	1,780		
1958	27	あるぜんちな丸	10,864	奥様	横浜〜神戸
1961	30	ラーリン	18,564		初外国客船　158頁参照
1968	37	オリエンタル・ヒーロー	8,959	海事懇話会	香港〜基隆
		アンキン	6,119	〃	基隆〜香港
1969	38	大雪山丸	3,961		品川〜釧路
		クイーンエリザベス2	65,863		ニューヨーク〜サザンプトン
		ユナイテッドステイツ	53,329		復路
		明石丸	1,113		大阪〜高知
		太平丸	937		復路
		むらさき丸（二代）	2,912		神戸〜高松
		水島丸			丸亀〜水島
		八坂丸	1,441	ご家族	鹿児島〜名瀬
1970	39	樽前山丸	2,750		コンテナ船取材　苫小牧〜東京
		プレジデント・ウイルソン	18,962		初めての洋上大学講師
		すずらん丸	9,300		初の長距離フェリー乗船
1971	40	ふぇにつくす	5,954	阿川弘之	
		さくら丸	12,612		洋上大学講師　横浜〜グアム
		にっぽん丸（初代）	10,769		
1973	42	アイランド・プリンセス	19,910		メキシコクルーズ
		にっぽん丸（初代）	10,769		
		コーラルプリンセス	9,683		2回目青年の船
1974	43	フェドール・シャリアピン	21,406		横浜〜サイパン、ラバウル
1975	44	イルピニア	13,204		地中海クルーズ
1976	45	セブンシーズ	9,754		のちににっぽん丸（2代）
1977	46	キュナード・カウンテス	17,586		カリブ海クルーズ
1978	47	サムサン			イズミールから沿岸クルーズ
1980	49	ノルウェー	70,202		カリブ海クルーズ
1982	51	フィンジェット	23,000		高速フェリー
		フィランディア			

1983	52	ロイヤルバイキングスター	21,847		香港〜パタヤ〜シンガポール
1985	54	鑑真	8,156		大阪〜上海〜神戸
1988	57	ジュビリー	47,262		カリブ海クルーズ
1989	58	ふじ丸	23,304		処女航海前レセプション
		サウンズオブセト	5,059		名誉船長として
1990	59	クリスタルハーモニー	48,621	奥様	処女航海　横浜〜ホノルル
		にっぽん丸（3代）	21,903		処女航海
1991	60	いしかり	14,257		処女航海　名誉船長として
		おせあにっくぐれいす	5,218		東京〜小笠原
		ソング・オブ・フラワー	8,282		アラスカクルーズ
		おりえんとびいなす	21,906		講師　釧路・函館クルーズ
1993	62	おけさ丸	12,419	斎藤茂太	回航
		さんふらわあにしき	9,684		
1994	63	リューデンハイム		奥様	ライン川下り
1997	66	ふじ丸	23,304		大阪帆船パレード見学
1998	67	にっぽん丸（3代）	21,903	奥様	ブエノスアイレス〜アカプルコ
1999？	68	ぱしふぃくびいなす	26,000		八丈島クルーズ
		ヴァンテアン	1,717	鮫島宗和	
2000	69	飛鳥（初代）	28,717	奥様	横浜〜シドニー〜ヌーメア
		さるびあ丸	4,965	鮫島宗和	名誉船長として
		アルバトロス	296	鮫島宗和	
2001	70	エムオーエルインテグリティ	66,332		コンテナ船
2002	71	セブンアイランド虹	289		
2003	72	ふじ丸	23,304	奥様	横浜〜上海
2004	73	にっぽん丸（3代）	21,903	奥様	尾道〜宇和島〜宿毛〜横浜

同船者欄：斎藤茂太氏は精神科医で作家、阿川弘之氏は作家、鮫島宗和氏は当時の東海汽船社長。

他に乗船時期が特定できなかった船は次の通り。

　　［客船］ひめゆり丸 / チューサン / アイベリア / 新さくら丸

　　［フェリー］高千穂丸 / フェリー出島 / 飛龍 / グリーンエース /

　　　かしおぺあ / セントラルフェリー（2回）

　　［高速船］みかど

良平さんとの出会い

　良平さんと初めてお会いしたのは、1972年（昭和47年）高校2年生の頃である。高知に来られた時、一年後輩の福冨廉さんが連絡してくれて、3人で土佐料理の店で食事をし（もちろん奢ってもらった）浦戸湾をタクシーで回ったのである。

　翌年3月、横浜のお宅で奥様の手料理をご馳走していただき、コレクションを見せてもらった。ずらっと並んだ海運、造船会社の社史や、天保山からの関西汽船などのスケッチが印象に残っている。

　この日は、外国客船ロッテルダム、クングスホルム、グリプスホルム、コーラルプリンスの4隻が横浜の大桟橋に入港しており、その夜景を見ながらの食事で私にとっては歴史的瞬間であった。

「世界の船'73」表紙より

　そもそも良平さんの存在を知ったのは、中2の頃である。船が好きになったのはその夏であった。多分2学期か3学期に、私が船好きということで漫画家志望だったSくんが「こんな本がある」と持ってきてくれたのが、その年に発行された『柳原良平　船の本』だった。

　このあと私は、長崎造船大学（現長崎総合科学大）船舶工学科に進学するが、造船不況真っ只中の卒業となる。卒業の2年前ぐらいからは造船会社や海運会社は経営的に大変な状況だった。1976年（昭和51年）9月20日「セブンシーズ」（後の二代目にっぽん丸）で長崎に来られた良平さんは、船に招待してくれてキャビンで就職のことを心配

していただいた。「造船会社か海運会社、どこかに紹介してあげようか」と。そのあと、フネの道は諦め、全く違う世界に就職する。

その頃、私は横浜海洋博物館の会員であり、上京のたびに博物館がある横浜マリンタワーの3階に寄って学芸員のIさんとたわいもない会話をしていた。まもなくこの博物館に存続の危機がおとずれる。開館して16年あまり話題にもならず、所管の横浜市は閉館して物産館でもつくろうとしたのである。その時、良平さんは"横浜市民と港を結びつける会"を作り先頭に立って運動し、それが横浜マリタイムミュージアム開館となり、現在の横浜みなと博物館へとつながっていく。

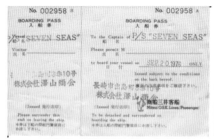
セブンシーズの当日ボーディングパス

横浜海洋博物館の半券

個展は一度だけ大阪で開かれた際に伺ったことがある。奥様を同伴されていて、「紳士になったなあ」と言われた。自慢ではないが、後にも先にも誰からもこんな言葉をかけてもらったことはない。大阪のなにわの海の時空館で講演をされて、その時ご挨拶をさせてもらったのが最後となった。

ここに載せるものは、先ずいただいた年賀状、次に個展の招待状、そして船会社やもろもろの船のイラストである。最後に「にほん丸」の絵である。何分誌面が小さいので充分に良平さんの絵のすばらしさをお伝え出来ないのが残念であるがご容赦いただきたいと思う。

私的良平さんの世界

■年賀状から

毎年楽しみにしていた年賀状である。19枚を並べてみると、題材や描き方が変化してきているのが見て取れる。

1976 年

1981 年

1986 年

1993 年

1994 年

1995 年

明けましておめでとうございます

昨年九月，広島県沼隈町にある常石造船一二の造船所が文化事業
として始めたみろくの里版画工房へ十年前からリトグラフの制作に
通っていますが一その造船所の隣ヶ浜マリンパークの前の丘の
中腹に柳原良平のミュージアム**「アンクル船長の館」**ができあがり
ました。船キチ少年の頃から調べた船の資料や世界の船のコレクシ
ョンを展示し，瀬戸内海が一望の部屋にアトリエを復元。そして，
なつかしいトリスバーを再現させてアンクルトリスのコマーシャル
を流したりしています。船と絵とウイスキーに囲まれた船キチ良平
の世界を一度ご覧下さい。ＪＲ福山駅から車で30分ちょっとの所に
あります。（お問い合わせ☎0849-87-5122）
　今年から７月20日の海の記念日が〝海の日〟として国民の祝日に
なりました。船と港と海に思いをはせる日になってほしいです。
　新しい年を迎えて　みなさまご健勝でありますように。
　　　　　　　　　　　　　　　　　　　　　1996年

柳原良平

1996 年　表・裏

1998 年

1999 年

2000 年

2001 年

賀正

二〇〇二年

柳原良平

2002 年

賀正

二〇〇三年

柳原良平

2003 年

賀正

二〇〇四年

柳原良平

2004 年

あけまして おめでとう ございます

二〇〇五年

柳原良平

2005 年

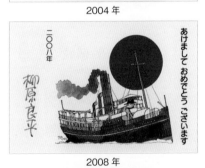

あけまして おめでとう ございます

二〇〇八年

柳原良平

2008 年

あけまして おめでとう ございます

横浜開港一五〇周年
二〇〇九年

柳原良平

2009 年

謹賀新年

二〇一二年

柳原良平

2012 年

あけまして おめでとう ございます

二〇一三年

柳原良平

2013 年

■個展案内状から

1997 年、大阪で開かれた個展に一度だけ伺ったことがある。アットホームな感じで親しくお話をさせていただいたいい思い出である。

柳原良平個展 「海と船」

柳原良平個展 「ぼくの好きな船と港」 1999 年
（左）表（右）裏

柳原良平 個展 ―アンクル船長の天保山― 1997 年

今年の2月、クルーズ船「飛鳥」に乗って30日間、オセアニアを航海してきました。横浜を出てパラオ、ケアンズ、シドニー、ホバート、ダニーデン、リトルトン、オークランド、そしてヌーメア、ここで下船しました。南太平洋、珊瑚海、タスマン海、海と空の美しさに魅せられた日々でした。今回はその時出会った海と空、港と船をモチーフにしました。折しも個展のオープン翌日からシドニーでオリンピックが始まります。

また、いつものみろくの里版画工房でのリトグラフ、今年の新作はアンクル船長シリーズです。

今回の個展はいつもと違って木曜日スタートです。そして4日後の9月17日の日曜日はビルのお休みです。お間違いのないように。

初日の夕方はサントリーのご厚意によるパーティーです。お気軽にお集まり下さい。

　　　　　　　　　　　　　　　　　　　　　柳原良平

柳原 良平 個展

「オセアニアの海と空」

2000年9月14日(木)～25日(月)
AM10:00～PM7:00

9月17日(日)はお休みです

YOKOHAMA
ぎんたぁ画廊
☎045-652-2937
FAX045-681-2422

柳原良平 個展 「オセアニアの海と空」2000年

アンクルトリスが生まれたのは44年ほど前、1958年頃です。テレビのコマーシャルで話題になり、その仕事が認められて私の代表作になりました。モデルはまったくなかったのですが、今になってみると自分だったのかと、こっちが照れてきたようです。

7年前に常石造船のご協力で尾道の通り浜に私のミュージアム「アンクル船長の館」ができました。船と酒の世界のアンクル船長は私自身のキャラクターです。

切絵はよく使われていてアンクルを今回は池弥にも登場させています。訪れた港や乗った船、よく通う酒場、アンクルが作品の主人公です。今年のみろくの里版画工房のリトグラフは瀬戸内の船と港がテーマです。

例によって初日の夕方はサントリーのご厚意で飲みものを用意してお待ちしています。お気軽にお寄りください。

　　　　　　　　　　　　　　　　　　　　　柳原良平

柳原 良平 個展

「アンクルの休日」

2002年7月5日(金)～15日(月)
10:00～19:00

YOKOHAMA
ぎんたぁ画廊
☎045-662-2937
http://www.center.g.co.jp
E-mail:art@center.g.co.jp

柳原良平 個展 「アンクルの休日」2002年

毎年この個展で展示しているリトグラフは1986年から造っている広海の「みろくの里版画工房」で制作しているものですが、その工房を運営している常石造船グループが今年創業100周年を迎えました。又、私が名誉船長をつとめている商船三井は来年創業120周年を迎えます。そして再来年、日本郵船も創業120周年になります。そんなことで今回は船会社の歴史をふり返るような昔の船、いわばもっとも船らしい船を絵にしてみました。来年の商船三井の120周年のカレンダーの絵を引き受けました。その原画13点も展示します。船の歴史を感じていただけると思います。

今年の一月「ふじ丸」で上海へ行きました。その折りの上海と郊外周荘の風景を絵にしてみました。

折りも折り、突然トリススクエアが発突され、アンクルも応援にかり出されました。

初日の夕刻はトリスのハイボールを飲みにお振り下さい。お待ちしております。

柳原良平

柳原　良平　個展

「航跡」

2003年11月21日㈮〜11月30日㈰
10:00〜19:00

YOKOHAMA
せんた画廊
☎045-662-2937
http://www.center-g.co.jp
E-mail:ant@center-g.co.jp

「欧洲航路」F 50号 油彩

「嘉港航路」F 50号 油彩

柳原良平 個展「航跡」2003 年

私は夢が好き、と言っても将来の夢とか、若い人の夢とかではなくて寝ている時に見るあの支離滅裂の夢が好きなのです。高い所にいて降りられなくなったり、自分の靴が見つからなかったり、乗っている小舟が浸水して崩れそうになるとか。今回の個展はそのての夢をテーマに選んでみました。

いろいろ話題の船たちをとり上げて、勝手な思いをくっつけてみようと思ったのです。支離滅裂とまではいきませんが、あまり船や海にリアルにとらわれずに描けたような気がします。

この春、久し振りに「にっぽん丸」に乗って尾道−宇和島−宿毛−横浜を航海してきました。その折りの風景も描いています。

例年のことですが、初日の夕刻は酒盛りとなります。お気軽にお越し下さい。

柳原良平

柳原　良平　個展

「夢」

2004年7月15日㈭〜25日㈰
10:00〜19:00

YOKOHAMA
せんた画廊
☎045-662-2937
http://www.center-g.co.jp
E-mail:ant@center-g.co.jp

「Queen Mary 2」F 100号 油彩

「CRYSTAL SERENITY」F 100号 油彩

柳原良平 個展「夢」2004 年

昨年、個展が済んで、かねてから予定していた右肩腱板の手術を7月に入院して行いました。そのあとちょっと後遺症が発生して8月にまた入院。その後しばらく抗癌剤の治療をした結果、今は癌はなくなり元気です。
その2回の入院中、今年の個展の構想を練っていました。病院の窓からコンテナバンの往き交う本牧埠頭を眺めながら、その上に拡がる夏空、迫力のある積乱雲の美しさを見てこれでいこうと思い立ちました。
これまでに世界のいろいろな海で千変万化の雲を見てきました。それを作品にしてみました。流れる雲の果てでどんな航海が続くのでしょうか、そんな気分で制作しました。
久し振りにアンクルトリスのハイボールが再登場しました。サントリー、船会社のみなさんの応援で初日夕刻再会しお互い元気を確かめあいましょう。お気軽にお越し下さい。
なお、ご好意はありがたいのですが、お花はご遠慮いたします。
　　　　　　　　　　　　　　　　　　　　　　　　柳原良平

柳原 良平 個展
― 流れる雲 はるか水平線を船が行く ―

2011年5月6日(金)〜14日(土)
10:00〜19:00
(但し、14日最終日は17:00に閉館とさせていただきます)

YOKOHAMA
せんた画廊
☎045-662-2937
JR桜木町駅前セルテ3階
http://www.center-g.co.jp
E-mail:gallery@center-g.co.jp

行く凪(にっぽん丸) F100号 油彩

湧く雲(帆船日本丸) F100号 油彩

柳原良平 個展 ―流れる雲 はるか水平線を船が行く― 2011 年

アンクルがトリスウイスキーのテレビコマーシャルのキャラクターとして登場したのは今から57年前になります。トリスは若者向けのウイスキーでしたが若い男性が何杯も飲んでいては世間から批判されるかもと考えて主人公を壮年会社に勤めあげた初老の愛嬌のキャラクターにしたのです。モデルはいません。私は26才でした。
数年前にハイボールの缶詰が発売されてアンクルトリスがテレビに登場しました。昔を知らない若い人たちが"かわいい"なんて。
今や私もアンクルの想定年齢をはるかに超えて82才、少々体力が衰えてきてすべて描き下しを展示とはいかなくなり、これまでの中から選んで加えることにしました。
初日の夕刻はいつものようにサントリーや船会社のみなさんからのご支援で杯を挙げたいと思います。ご気軽にお越し下さい。
　　　　　　　　　　　　　　　　　　　　　　　　柳原良平

アンクルは船が好き…
柳原 良平 個展

2014年5月9日(金)〜17日(土)
10:00〜19:00
(最終日は17:00まで)
作者在廊の為5月15日(木)は不在

主催◇美術著作権センター

会場◇ YOKOHAMA せんた画廊 GALERIA CERTE
〒231-0016 横浜市中区長者町6-33 セルテ3階
お問い合わせ：045-662-2937 Email：info@art-copyright.jp

「にっぽん丸 -富士山-」 M100号 油彩

「QE」 M100号 油彩

柳原良平 個展 「アンクルは船が好き…」 2014 年

柳原良平 個展「ありがとう！キャプテン・アンクル」2015年

■絵葉書から

ロイヤルウイング

セブンシーズ（2代にっぽん丸）1975年

能古島　福岡市営渡船フラワーのこ

福岡シーサイド　レストラン船マリエラ

横浜みなと祭　真ん中の方当時の市長？

瀬戸内海
改造前のにっぽん丸や瀬戸内海汽船の
銀河がみえる

横浜
ロイヤルバイキングラインの客船や横浜港めぐりの
あかいくつ号がみえる

■アンクル船長の館から

1995年（平成7年）9月22日に開館した良平さんの海洋博物館の紹介印刷物である。この施設の中で一番記憶に残っているのは、1階のショウケースにあったにあった天保山に行って描かれていたスケッチである。ご自宅で見たのものだと思った。

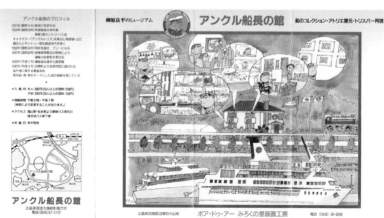

柳原良平のミュージアム　アンクル船長の館　パンフレット

トリスバーと柳原良平　（当時の週刊誌より）

　トリスバーが流行し始めたのは昭和三十年だった。今から四十年前のこと。電気洗濯機と冷蔵庫、掃除機三種の神器と呼ばれ『太陽の季節』がセンセーションを巻き起した。

　トリスのシングル三十円、ダブル六十円の時代。ハイボールが人気だった。ウイスキーではなく、あくまでトリスという売りだった。

　故・山口瞳氏の「トリスを飲んでハワイに行こう」のコピーが火を付けた。それに柳原良平氏のアンクルトリスの男性キャラクターが大いに加勢した。美味いと感じた大人でいっぱいだった。

　そんな良き時代？を復元したのが、「アンクル船長の館」だ。広島・尾道に二十二日オープンした柳原ミュージアムである。トリスバーのほか、船や魚のコレクションルーム、アトリエ、ビデオルームなど多彩な面白館であります。

■初代飛鳥の絵葉書７枚とケースカバーから

■さんふらわ宣伝誌から

さんふらわあ 2005 年から 2008 年までの宣伝誌で、港ののりばや船内に置かれていた。良平
さんの表紙は 12 号までで、その後も発行は続いた。

■ブックカバーから

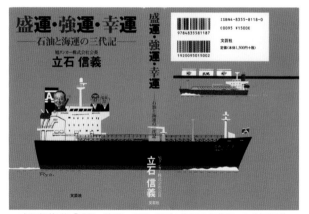

立石信義 著『盛運・強運・幸運－石油と海運の三代記－』（文芸社）

『巡航見本市 25 年の記録』（社団法人 日本産業巡航見本市協会）

■時刻表から

カーフェリーガイド '73 年冬号　　　カーフェリーガイド 第 4 号　　　カーフェリーガイド 第 5 号

瀬戸内海汽船「時刻と運賃」
（左上）昭和 50 年 11・12 月号
（右上）昭和 51 年 5・6 月号
（左下）昭和 51 年 11-12 月号

■チケットから

キャプテンライン　チケット

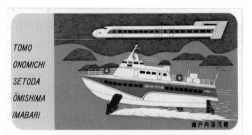

瀬戸内海汽船　チケット

■コースターから

アンクル船長の館

なにわの海の時空館

■ステッカーから

関西造船協会は他の2つの学会と統合され今は日本船舶海洋工学会になっている

フジフェリー、日本沿海フェリーは商船三井グループの会社だった

ジャンボフェリーは当時世界一の大きさの双胴船と言われていた

■メモ帳から

東海汽船メモ帳

■卒業設計の表紙

島本雄一郎氏提供

■Tシャツ、タオルから

新さくら丸のTシャツ

三代目にっぽん丸のハンカチ?

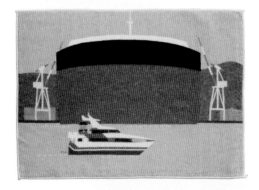

今治タオル

■チラシ、パンフレットから

女性ばかりの船員で運航するキャプテンラインのチラシとパンフレット

おさかな牧場　シーロード八幡浜
外釣りが気軽に楽しめる施設

STS ライン　シーパレス（128 頁参照）
瀬戸内海汽船パンフレット

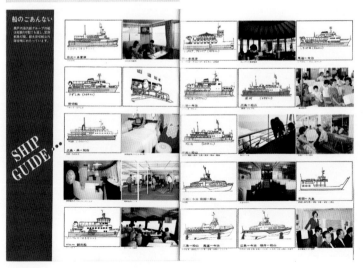

フェリーあけぼの パンフレット

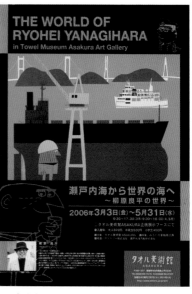

今治市のタオル美術館での個展案内チラシ

■下敷きから （西口公章氏提供）

佐渡汽船2代目おおさど丸（5,373総トン）昭和63年～平成26年まで

巡視艇きりかぜ

世界にたった1枚(？)の「にほん丸」の絵

にほん丸

　良平さんに唯一直筆でオリジナルの絵を描いて頂いたのは、「にっぽん丸」でも「日本丸」でもなく、この「にほん丸」である。「第2船の本」でアンケートハガキ（往復はがきになっていた）を送ってくれた人に希望する船の絵を描いて送り返しますというサービス？が付いていた。当然私も送ってもらった。描いて頂いたのは、当時の新鋭客船大島運輸の「にほん丸」だった。

　1972年1月発行の「柳原良平　第3船の本」第1部1章にアンケートハガキ奮戦記がある。当時の文芸春秋にも同じ内容が載っていた記憶がある。アンケートハガキでの応募総数が3,696通だったという。1枚1枚絵を描くという驚異的な作業である。希望順は1位帆船「日本丸」「海王丸」385通、2位商船三井「あるぜんちな丸」91通、3位戦前の大阪商船「あるぜんちな丸」「ぶらじる丸」80枚と続く。

多分、大島運輸の「にほん丸」を希望したのは私だけではないだろうか。当時自分の中では、一番好きだった客船だったから描いてもらったのだ。おそらくこの世の中に、この一枚だけが存在しているのではないかと思っている。またそう思いたい。「第3船の本」の章の最後に良平さんが絵を描いたのち送って、引っ越しされてハガキの戻ってきた人の名前が掲載されている。なんと誠実な方だろうと思った。

　その「にほん丸」運航の大島運輸は1953年（昭和28年）設立、現在マルエーフェリーと称し鹿児島、奄美大島、沖縄のフェリーや貨物船を運航している。
　少し「にほん丸」の足跡を追ってみることにする。
　1970年（昭和50年）大島運輸は「にほん丸」（2,998総トン）を建造する。丸にAのファンネルマークの大きな煙突が真ん中にある白い船体のスマートな客船であった。三菱商事発注で船舶信託方式によって建造される。就航記念の絵葉書には「本船は三菱商事株式会社が信託者となり三菱信託銀行株式会社が受託者となる船舶信託方式によりまして、三菱重工株式会社下関造船所に於いて建造され大島運輸株式会社にて運営される最優秀観光船であります。」と書かれている。東京〜沖縄航路の定期航路の他に創価学会信者団体の本山参詣を主とする目的に造られた船ある。高校生の頃、高知港入港時に見学をさせてもらったことがあった。船内は小さい部屋がたくさんあり、デッキから見る煙突が印象的であったのを覚えている。本船は大島運輸にとって「ふじ」（2,800総トン）に続き2隻目の新造船で、この時代チャーター専用船を運航する会社は他になかったように思う。

大島運輸の絵葉書

修学旅行新聞の広告

雑誌「船舶」より

要目を見てみると、次のとおりである

　1969 年 9 月 10 日起工

　同年 11 月 25 日進水

　1970 年 3 月 6 日年竣工　2,998.22 総トン　三菱重工下関造船所建造

　全長 106.3 m　幅 13.9 m　深さ 6.2 m

　ディーゼル 2 基 2 軸　8,800 馬力

　最高速力 22.5 ノット　航海速力 20.5 ノット

　旅客定員　1,895 名　乗組員数 52 名（55 名）

一般配置図は、次のようになっている。

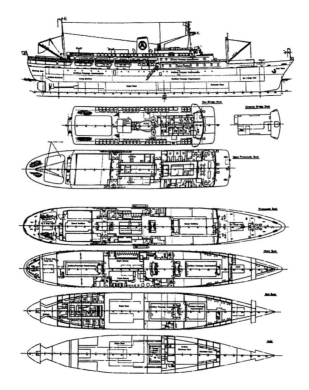

上部遊歩甲板（アッパープロムナードデッキ）は前方より

　サロン、貴賓室、特別1等室（2室）、1等和室（2室）、1等和洋室（3室）、

　　1等和室（大部屋4室）　開放型ホール

遊歩甲板（プロムナードデッキ）

前部後部に特別2等客室（大部屋）を配置し、中央部にエントランスを設ける

上甲板（アッパーデッキ）は前方より

　倉庫、2等客室（大部屋）、エントランス、売店、ビュッフェ、トイレ、船員

　　食堂、2等客室（大部屋）

第2甲板上（セカンドデッキ）

　倉庫、2等客室（大部屋）、乗組員居住区

第2甲板下（ホールド）

　娯楽室、空調機室など、機関室の前部に監視室、その底部及び舷側にアン

　　チローリングタンク

近海で1,283名、沿海で1,895名と定員が多いわりに公室が少ない。レストランもなく上等級でない乗客は、ホールやデッキ、狭いビュッフェ以外は、自室にいたのではないかと思う。雑誌「船の科学」1970年8月号には、三菱下関の報告として、「上部遊歩甲板後部には航海中の展開を楽しむとともに遊戯のできる開放大ホールが設けられている。　…調理室は、1,800人分の食事を同時に揃えられるよう厨房機器を配し、各甲板の配膳室に通じるリフトを設置し、このリフトは下の糧食庫にも連絡している」と書かれている。この時代のチャーター船は、船旅を楽しむためのものではなく、団体を効率よく移動させる（夜出て朝着く）ための手段というニュアンスが強かったのである。

　本船の特徴として、横揺れ防止のアンチローリングタンク（減揺タンク　前書75頁に写真あり）が見えないところに設置されていたことだ。この装置は、船内のタンクの水を左右に動かして横揺れを抑えようとするもので、この時代フィンスタビライザーを付ける船はなかったので(本船と同じ1970年建造の日本カーフェリー「せんとぽーりあ」（5,960総トン）が日本で初めての装備だという)、アンチローリングタンクを装置した船は多くはないが下記の表のように存在していた。また以前から巡視船にも装備されている。

　「日本の客船2」などから拾い出すとアンチローリングタンクを装備しているのは次の船である。

船名	船種	竣工年	総トン数	船会社名	備考
よしの丸	客船	1963	1,241	南海汽船	頁参照
おけさ丸	〃	1964	958	佐渡汽船	
しらはま丸	フェリー	1969	1,585	東京湾フェリー	
ふりいじあ丸	客船	1971	2,282	東海汽船	フィンスタビライザー等
第一セントラル	フェリー	〃	5,744	セントラルフェリー	
第六セントラル	〃	〃	6,153	〃	第一と同型船

さるびあ丸	客船	1973	3,079	東海汽船		
フェリーげんかい	フェリー	1983	675	九州郵船		
志摩丸	〃	1986	1,286	伊勢湾フェリー	同型船	渥美丸

　修学旅行をはじめ、韓国クルーズ、兵庫県と沖縄を結ぶ「友愛の船」として使用や老人会にチャーターされ、神戸－別府の２泊３日のツアーにも使用される。

　1976年（昭和51年）8月フィリピンに売却　「マニラシティ（Manila City）」と改名される。

就航記念絵葉書

長崎港出島岸壁 1975 年 1 月 18 日撮影

［参考文献］
　アンクル・トリス交遊録　柳原良平著　大和出版　1976 年4月
　良平のヨコハマ案内　柳原良平著　徳間文庫　1989 年6月
　柳原良平　海と船と港のギャラリー　1954 - 2015　横浜みなと博物館
　船の画家　柳原良平　横浜マリタイムミュージアム2001年10月
　江分利満氏の優雅な生活　山口瞳著　新潮文庫　昭和 43 年2月
　山口瞳　江分利満氏、ふたたび読本　河出書房新社
　柳原良平　第3船の本　柳原良平著　至誠堂　1972 年1月
　日本の客船2　1946―1993　野間恒、山田廸生共編　海人社　1993 年 10 月
　図説船舶工学　高城清著　海文堂　昭和 47 年 12 月
　雑誌「船の科学」各号
　雑誌「船舶」各号

舞子丸
―修学旅行を彩った船たち―

舞子丸のこと

「舞子丸」は良平さんにとっては忘れられない船である。『柳原良平
船の本』で次のように書いている。

　　新婚旅行は関西汽船の舞子丸で高松まで。高松から汽車で高浜、
　　高浜から瀬戸内海汽船の第11東予丸で宇品へ、宇品から宮島まで
　　つるみ号。乗船と同時に花嫁さんほったらかしでまず船内くまなく
　　一巡だからひどい話である。

日本郵船 高浜航路 舞子丸 (1035㌧)

「柳原良平 船の本」より

　「舞子丸」は日本郵船の戦後第一船の建造船で、のちに関西汽船に売
却され、そのあと修学旅行専用船となった。「舞子丸」建造の経緯から
たどることにする。本船は池田良穂氏（大阪府立大学名誉教授）が名
付けられた"小型客船28隻組"の中の1隻である。終戦後鉄道輸送力
の減退、食糧事情の逼迫で当時の輸送が必要な員数は、年間約90万人
と言われた。それに対して輸送能力約22万人で全く足りない。政府は
総司令部に対して小型客船76隻7万3,000総トンの建造を懇請する。
内諾を得て1946年（昭和21年）7月までにまず55隻5万1,000総ト
ンの建造を各社に割り当てる。翌1947年（昭和22年）1月に第1次
分28隻3万5,000総トンの建造が正式に許可になる。その後、状況の
変化により貨物船に重点を置くことになり、この計画は当初の28隻の
ままで中止となる。

28隻のうち日本郵船には下記表（計画時）の5隻が割り当てられ、1948年（昭和23年）建造された。

船名	船種	総トン数	竣工月日	船価	計画時の旅客定員
舞子丸	貨客船	1,036	3・20	4,500	1等32人　2等72人　3等252人
小樽丸	〃	1,997	4・15	9,200	1等20人　3等246人
函館丸	〃	1,997	5・20	9,200	1等20人　3等239人
室蘭丸	貨物船	2,493	8・19	10,800	1等2人
釧路丸	〃	2,496	11・20	10,800	1等2人　2等6人（1等8人）

　上記のうち4隻は中途から貨物船に変更。ただし小樽丸と函館丸は工程の関係上、一部客室を残した。函館丸については計画時に既に貨物船としている資料もある。

　「舞子丸」を除いた4隻はいずれも三菱重工長崎造船所建造である。「舞子丸」は同じ三菱（西日本重工）の広島造船所建造である。この造船所には本船他、関西汽船の2隻「平和丸」（938総トン）、「太平丸」（965総トン）の建造が割り当てられる。当時の広島造船所は、戦時標準船建造のために1944年（昭和19年）3月にできたばかりの造船所で、伝統のある誇り高い長崎造船所とは違っていた。長崎から技師たちも応援にやってきたが、客船のデータも少なく、鋼材も不足する中での作業であった。造船所の存亡をこの新造船かける意気込みで取り組んだという。1946年(昭和21年)12月8日起工され、翌1947年(昭和22年)5月2日進水する。同年10月17日、艤装中の本船は転覆事故を起こす。11月18日浮揚して事なきを得た。翌年の1948年（昭和23年）3月20日、竣工する。

　要目は次のとおりである。

　　1,035.68総トン
　　全長65.265 m（61）　幅9.8 m　深さ4.8 m
　　ディーゼル1,150馬力　最高速力14.005ノット　航海速力13.0ノット
　　定員　1等32名　2等72名　3等252名

同月 26 日 11 時に中突堤に初入港
し、レセプションが行われる。（右は
その際に配られた絵葉書）その前後
に大阪でのレセプションも行われた
と思われる。その 1 か月前にはマリ
ンガール 5 名の採用試験があり、そ
れに 400 名が押し掛けたという。当

舞子丸　絵葉書

時の雑誌「船舶」には「多数の高女卒応募者から選出採用したインテ
リマリンガールのサービス」と紹介されている。採用されたばかりの
マリンガール 4 名もレセプションに参加し、接待などに努めた。旅客
定員は、1 等甲 6 人　乙 72 人　2 等 24 人　3 等 228 人の計 330 人と
なっている。

　3 月 30 日 19 時、神戸港中突堤から約 200 人を乗せ、初航海に出る。
南洋海運（のちの東京船舶）の「明石丸」（前書 56 頁参照）とともに
神戸（のちに大阪に延航）－今治・高浜間の航路に就く。本船と「明石丸」
にはそれぞれ 2 名のマリンガールが乗船していた。

　この大阪港でのレセプションを良平さんも見に行き、その時のこと
を『柳原良平 船の模型の作り方』に書いている。

　「舞子丸」をはじめて見たのは、大阪港の住友岸壁で披露のレセ
プションをしているときで、招かれた関係者が船内にはいっていく
のを高校生の私はうらやましく
ながめ、受付の　お嬢さんに
「エハガキだけでももらえませ
んか」と頼んで、すげなくこと
わられたことをおぼえている。
　これだけで終わっていたら、
きっと「舞子丸」は私にとって

レセプション受付「船の模型の作り方」より

シャクな船になっただろうが、思いがけず新聞で私の模型船づくりを知った日本郵船から「舞子丸」の模型を作ることをたのまれ、ただならぬ親しみをもつ船になってしまったのである。

また、良平さんは右側の絵葉書の姿が一番美しいと評している。日本郵船歴史博物館発行の「日本郵船歴史博物館」にこの絵葉書が載っていて、下に小さく"コンクール1等入選作品"と出ている。

一般の人対象に作品募集を実施したのだろうか。

ということで、良平さんは思いがけず舞子丸の船内に入っていくことになる。同書の引用を続ける。「1等2室がツインベッドで縦に（前後）に並んでいて特2等が他船はじゅうたん敷きの大部屋だったのに対し2段ベッドである」。続けて、「ボーイは外国航路の客船で仕こま

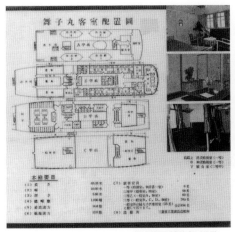

日本郵船博物館 提供

れた人たちだけあってサービスがいい。事務長もかつて「氷川丸」「平安丸」などで太平洋を航海したことのある人。（中略）小型船ながらNYK（筆者注　日本郵船）で戦後つくった客船としての面子を示したわけだろう」。また、『「客船史」を散歩する』では、「『舞子丸』はいい船だった。28隻の小型客船のすべてを乗って知っているわけではないが、ほとんど乗ってみて、「舞子丸」は一番グレードの高い船だったと信ずる」と、想いを語っている。

　前頁の舞子丸御乗船案内には次のように書かれている。一部数字や現代仮名遣い、それに表現を変えている。
　　瀬戸内海の景勝舞子の浜に因んで名づけられた本船は、昭和23年3月処女航海以来「皆様の船」として御愛乗を賜っておりますことは弊社の深く光栄とするところでございます。舞子丸は所謂豪華な遊覧船ではありませんがお気軽にご利用願える船として施設、サービスともに充分の自信を持っております。本船の定期は下記の通り各港とも夕刻に出帆して早朝目的地に到着いたしますから、航行中は海上のホテルとしてゆっくりご休息願い翌日は日いっぱいお仕事なりご遊覧の上再び帰って頂けるようになっております。「完備した施設と優れたサービス」を弊社のモットーとして今後とも一層の努力を致す所存でございますから、何卒この上共ご愛顧の程お願い申しあげます。
また、船内設備には次のように書かれている。
　　本船には瀟洒な展望室、食堂、その他売店、放送室、案内所、浴室などの設備がございます。（中略）諸設備はご乗船客の皆様のための設備でございますから何卒ご遠慮なくご利用くださいますよう特に皆様にお願い申し上げたいと存じます。

私は、これほど丁寧な客船の説明書きを今まで見たことがない。日本郵船のプライドと意気込みを感じさせる案内である。

　是則直道氏（元関西汽船社長）は、「小型客船28隻組」の中で次のように述べている。

　「舞子丸」は、割合野性味のある「明石丸」とは対照的に、如何にも内海の箱入り娘という感じを与える船だったが（中略）太平洋客船「鎌倉丸」のイメージを抱いたことを記憶している。それは、小粒でも、NYKのファンネル・マークがよく似合う、風格ある「舞子丸」の容姿のためであり（中略）サービス面でも「明石丸」「舞子丸」は美しいマリン・ガールを乗り組ませ、船内放送や案内所に色を添え、好評を博していた。なお「舞子丸」はデリックを持たず、荷扱いは、上甲板からのリフト方式であった。

「航跡」より

マリンガール「二引の旗のもとに」より

　なお、上のチラシにある「アメリカ博」とは、昭和25年3月18日から6月11日まで西宮で開かれた戦後初の大規模博覧会のことである。

　大澤浩之氏（モデルシップ友の会「ザ・コンパス」元顧問）は、著書『紙模型でみる　日本郵船　船舶史』の中で次のように述べている。

　岸壁を離れた舞子丸は暗闇に明るく浮かびあがって美しかった。特に白地に2本の赤線を引いた郵船のファンネルマークが鮮やかだった。その時、僕の目には舞子丸にだぶって「鎌倉丸」の姿が映っ

た。舞子丸と鎌倉丸はその大きさにおいて各段の開きがあるが、その形態の類似性は、僕のみならず、柳原良平氏や是則直道氏も言及されている。

　四国から帰った母は、舞子丸は船が奇麗だし、ボーイさんも親切で大変良かったと喜んでくれ、母に船を勧めた僕も責任を果たせてほっとした。

「紙模型でみる日本郵船船舶史」より

　最後に野間恒氏の書かれたものを紹介したい。1997 年 11 月・12 月号ラメールの「瀬戸内の船と私」と題された原稿からの引用である。

　戦火をくぐってきた船を見なれた眼には、ピカピカに磨きあげられペンキがプンプンと匂う新船＝生まれてはじめてみるファッションプレート、船首にクルーザー・スターン、やや傾斜した太い煙突＝というモダンな姿は、掃きだめに舞いおりた鶴のようだった。これに勤務するのが紺の制服に身をつつんだ清楚な女性だった。日本航空でスチュワーデスが登場したのは昭和二十六年だから、マリン・ガールの採用はさぞかし精選をきわめていたはずである。青春の門にさしかかっていた学生の目には、さながら天女とも菩薩とも映った。

　4 人の方々とも、「舞子丸」は特別な存在の船であったことがわかる。

戦後建造の日本郵船第一船の新造船

　戦前に外航海運をしていた会社は総司令部に止められ、日本一の船会社、日本郵船と言えども内航の客船を動かすことになる。本船は、同社戦後建造の第一船の新造船であった。その当時の船員さんのプライドを感じるもてなしである。舞子丸は「明石丸」とタッグを組んで運航された。その時刻表、定員、料金表などを「旅」7月号付録（昭和25年7月1日発行）より転載する。

日本郵船航路　阪神－高浜線

	大阪	神戸	今治	高浜
毎週 火 木 土	17：00発 →	18：30着	5：10着	8：00着
		19：00発	5：30発	
毎週 日 水 金	8：30着	6：30着	20：00着	16：30発 ←
		7：00発	20：30発	

就航船　舞子丸　1030屯　速力13ノット

東京船舶　阪神－今治－高浜線

	大阪	神戸	今治	高浜
毎週 月 水 金	17：00発 →	18：30着	5：10着	8：00着
		19：00発	5：30発	
毎週 火 木 土	8：30着	6：30着	19：30着	16：30発 ←
		7：00発	20：30発	

就航船　明石丸　1112屯　速力13ノット

　この航路を曜日に分けて2隻の客船で共同運航していく。ほぼ同じである時刻表を一つにまとめてもいいのだが、あえて会社別に載せた理由は、見比べてみると上り今治着が30分異なっている。高浜→今治間を「明石丸」は3時間で、「舞子丸」は3時間半かけているのである。ダイヤモンドフェリーが就航していた頃は、この間は所要時間1時間40分であった。ただし、今治発時間は同じである。速力を落として燃料費の節約だろうか。理由を知りたいところだ。「舞子丸」の時間は長

すぎるのではないかと思われる。

料金表：

		1等	2等甲	2等乙	3等
阪神—今治	舞子丸 明石丸	1,760 円 1,950	980 円 980	690 円 590	390 円 390
阪神—高浜	舞子丸 明石丸	2,030 円 2,250	1,130 円 1,130	790 円 680	450 円 450
今治—高浜	舞子丸 明石丸	320 円 350	180 円 180	130 円 110	70 円 70

定員：

		1等	2等甲	2等乙	3等
日本郵船	舞子丸	6名	48名	60名	340名
東京船舶	明石丸	11名	69名	29名	487名

注　舞子丸2等甲は寝台室

　今度は2つを1つの表にまとめてみた。見比べてみると、料金が微妙に違うところが面白い。「舞子丸」は2等甲が寝台室となっているが、料金は「明石丸」と同じ。しかし2等乙となると「舞子丸」がかなり高い。1等を比べると「明石丸」の方がかなり高い。1等の設備的には「舞子丸」が上のように思うが、料金は安い。乗船客は疑問を持ちながら乗ったのではないだろうか。同じ航路を共同運航しながら料金が違うことは、（船によって部屋の設備が異なる等）皆無ではないが珍しいことである。

　就航当初は、両船とも燃料燃料割当制だったため燃料不足もたびたびで休航を余儀なくされ、遅延もあった。待たされた客は、「明石丸」のことを「夜明かし丸」と揶揄したそうである。その後、燃料事情もよくなり業績も好転し、「舞子丸」は昭和23年3月から12月末までの9か月間に74航海実施、乗船客数4万3,192名、運賃収入1,406万円であっ

東京船舶　明石丸「風濤　東京船舶の航跡」より

た。終戦から間もない頃の交通事情が推測できる数字である。関西汽船に売却される昭和29年10月までにトータルとして、793航海、53万6,099名の旅客を運んだという。

愛媛郵船設立事件

　この題名は、「石崎汽船　海に生きる」に載っていたものを使わせていただいた。1952年（昭和27年）末から翌年にかけて、「舞子丸」「明石丸」が売りに出されるという噂が流れる。石崎汽船（松山市）は「明石丸」と「舞子丸」両船の代理店である。1953年（昭和28年）10月3日松山市で石崎汽船らが中心になって愛媛郵船株式会社（資本金5,000万円）創立総会が開かれる。2隻を県民の船として運航し、将来的には冷蔵庫を備えた貨物船をつくって、ミカン、桃、野菜、鮮魚などを阪神市場にと夢は広がる。ところが関西汽船と愛媛郵船とが競合し、船価の値上げ競争の様相となっていき、愛媛郵船側は資金調達に苦慮し、翌年から次のような流れになっていく。

　1954年（昭和29年）1月16日　愛媛郵船役員会にて、瀬戸内海汽船との"提携派"から瀬戸内海汽船（広島市）から資金を仰ぐ提案がなされる。そのあと、愛媛県側からの資金を調達するのか、瀬戸内海汽船からするのか決定できず、月日が過ぎて6月16日、日本郵船から愛媛郵船との契約を破棄すると通達がある。

　8月28日　両船は関西汽船に売却するようになったと連絡がある。

　9月25日　愛媛郵船解散決定。

　当時の1,000トン級の船2隻は、今の感覚では分からないほどのインパクトの強い資本だっただろう。結局、資金力で負けて2隻は関西汽船の船となる。

　同書には「石崎汽船にとっては苦い教訓を残したのである」と書か

れている。一方『瀬戸内海汽船 55 年史』には「もし、当社がこの航路と両船を入手していたら、その後の当社の経営は大きく変わっていたことと思える」と締めくくられている。

関西汽船へ移籍

1954 年（昭和 29 年）10 月 7 日、「舞子丸」は関西汽船が航路権とともに購入し、阪神−高松−多度津航路に就航する。

森田信之氏撮影　　　舞子丸　　　関西汽船絵葉書

前述した本の中で良平さんは、関西汽船に移籍した時点で内部が改造されて「舞子丸」の良さは消えたと書いている。外観で言えば、ファンネルマークが日本郵船の"二引きのマーク"から"黒に白ハチマキ"に変わる。

多度津港の舞子丸　昭和 30 年 11 月 3 日
宮崎光男氏撮影「小型客船 28 隻組」より

多度津港出航の舞子丸　昭和 31 年
「グラフたどつ」より

1955年（昭和30年）5月11日の宇高連絡船「紫雲丸」の事故が起きた。宇高連絡船のもう1隻「鷲羽丸」は呉のドックに入渠中で「眉山丸」1隻になったため、「舞子丸」は12日午後まで関西汽船の同僚「ひかり丸」（1,030総トン）とともに国鉄

現在の多度津桟橋　詳細は140頁

にチャーターされ、一日だけであるが宇高連絡船となった。

翌1956年（昭和31年）2月20日18時35分ごろ、神戸中突堤に向かっていた「舞子丸」は、大阪から神戸兵庫突堤に向かっていた新日本海運貨物船「第一満鉄丸」（277トン）と衝突。「第一満鉄丸」は7分で沈没。本船は船首を小破しただけで済んだ。

1957年（昭和32年）3月14日20時神戸港を出港した高知行きの本船は、荒天のため徳島県伊島沖で引き返し翌15日午前3時半小松島港に入港、乗客を列車に乗り換えさせ天候回復を待って、空船のまま出港し予定より13時間遅れて同日21時高知港に入港する。この当時は、阪神－高知航路に就航していた。

「舞子丸」はこのあと、修学旅行専用船「ふたば丸」に改装され再び登場する。

ここからは、その修学旅行専用船が計画された背景と、どのように運航されたかをみていこう。その前にまず修学旅行の起源や歴史に簡単に触れ、修学旅行専用列車が登場し、今回の主人公である「舞子丸」など修学旅行専用船とつながっていく過程を追ってみる。

修学旅行専用船のこと

専用船ができるまでの修学旅行の変遷

　修学旅行というのは、小、中、高校で１回ずつ、一生の中で多くても３回だけである。また、旅行の中でも記憶、想い出に必ず残るものであろう。私は職業柄、引率した経験があり、これはこれで生徒とは違う一面を経験する旅行である。教室では味わえない楽しさと緊張が同居した旅で、帰ってくるとホッとしたものだ。四国からの旅行なので、瀬戸大橋開通前は一度は船に乗る機会があった。宇高連絡船をはじめ別府から松山まで「すみれ丸」、神戸から高松まで「生駒丸」など鮮明に覚えている。

　修学旅行専用船という言葉は、すでに死語である。経験された方もほとんどの方が高齢者になられている。私も一度見かけたことはあるが、乗ったことはない。このテーマを書こうと思ったのは、「舞子丸」の後身が専用船であったことと、前書２で見本市船を書いている途中、役割のはっきりした船を意識したことが大きい。特殊中の特殊な客船で、役割が明確な船、修学旅行専用船が存在していたことに気がついた。以前から興味はあり専用船３隻の資料は少し持っていた。しかし、どんな船で、どんな船旅だったろうか、もっと知りたい。それが調べるきっかけとなった。

　専用船ができるまでの修学旅行の変遷を、公益財団法人日本修学旅行協会作成の“修学旅行の歴史”と公益財団法人全国修学旅行研究協会の“修学旅行の変遷と意義”からピックアップする。

　1886 年（明治 19 年）、東京師範学校の「長途遠足」が修学旅行の嚆矢と言われている。2 月 15 日東京を出発して習志野、佐倉、成田など千葉県下を巡行し

て 25 日に帰京している。軍事演習のような内容も含まれた 11 日間であった。同年 12 月発行の「東京若渓会雑誌」に「修学旅行記」という記事が出て、これが「修学旅行」の文字が使われた最初と言われる。

その後、武装行軍修学旅行も行われる。目的は精神の修養と身体の錬磨にある。また見学見物を中心にしたものもあったという。

1889 年（明治 22 年）、山梨県女子師範学校生徒 15 名は、京都、三重と廻り、帰途文部省を訪れ文部相に面会した。これが女子修学旅行の始めである。

1896 年（明治 29 年）、長崎商業 8 泊 9 日で上海修学旅行実施。海外修学旅行の始めである。

1901 年（明治 34 年）、文部省令第 3 号によって「兵式分離」が公布され、兵式体操が体操科の中に位置づけられ、修学旅行と分離する。大正から昭和にかけては戦時体制下の修学旅行となり、国家主義的な社会思想を反映して敬神思想や国防意識が色濃くでた修学旅行となる。

戦後の困窮、混迷の中で食糧持参の修学旅行が復活していく。（91 頁氷川丸参照）国鉄の団体割引は 1949 年（昭和 24 年）、修学旅行の規制緩和（許可制を届け出制にする等）は翌年の 1950 年（昭和 25 年）頃からである。

1955 年（昭和 30 年）5 月 11 日、紫雲丸事件発生。修学旅行中の四国中国の小中学生参加者 374 人中 109 名が亡くなる。

1959 年（昭和 34 年）4 月 7 日に文部省通達で修学旅行の教育課程への位置付けが明確になる。その二週間後の 4 月 20 日、修学旅行専用列車が関西方面行「ひので」（東京出発）、関東方面行「きぼう」（大阪出発）が出て、各地での専用列車新設の機運が高まる。

修学旅行専用列車

次の文章は、城山三郎著『臨 3311 に乗れ』の一節である。

　もともと、修学旅行は、各学校がそれぞれの行事予定に従って日程、コースなどを決定し、旅行代理店は、その計画に従って、ただ世話をするという建前だった。

　それをはじめから、日時をきめて列車を出し（臨時といっても、

毎日ではない。一季節に十本という計画であった）、それに乗りこませた上、京都でも、いっせいに大量の市電やバスなどを動員し、さらに宿の手配もする。

　ちがった学校が、同じ列車に乗り合わせた上、ほぼ同一日程で、似たようなコースを回ろうというのだから、考え方の転換が必要である。

　修学旅行専用列車ができるまでは、団体列車として３人掛け一両最大150人（一般団体は100人）で、夜行では通路にまでゴザを敷いて寝ていた。東海道本線の団体臨時列車の代表的なダイヤは下記のとおりである。

　　3311列車　　東京発19：55発　➡　京都5：54着
　　3312列車　　京都発19：18発　➡　東京5：53着

　この「3311」が小説の題になったのだ。団体臨時列車はまだよかったが、長距離普通列車を利用するときは一般客と生徒が混在し、一般客にとっては迷惑でしかなかった。また、生徒はまだしも引率者は気を遣っただろうと想像する。

　このような状況から脱し修学旅行をより安全で楽しいものにしようと、1959年（昭和34年）4月20日から修学旅行専用列車「ひので」「きぼう」が運転を始める。

　「ひので」は東京発、「きぼう」は大阪発で、いずれも155系電車である。「ひので」は東京都、埼玉県の主に公立中学校の生徒を、「きぼう」は京阪神とその近郊の主に公立中学校の生徒を運ぶ。これは連合体による集約輸送形式で、各地域の学校が連合を組み、往復ともに同一列車を利用する。

「ひので」

　　3111T　品川 8：50 発➡京都 15：58 着

　　3112T　京都 20：11 発➡東京 6：03 着

「きぼう」

　　3113T　品川 20：11 発➡大阪 5：24 着

　　　　　　　　　　　　➡神戸 6：05 着

　　（京都終着の場合　京都 5：15 着）

　　3114T　神戸 8：50 発➡大阪 9：40 発

　　　　　　　　　　　　➡京都 10：17 発

　　　　　　　　　　　　➡品川 18：15 着

ひので　品川星晃氏撮影
「鉄道ピクトリアル NO827」より

きぼう　瀬戸秀夫氏撮影
「鉄道ピクトリアル NO826」より

「ひので」や「きぼう」を使った修学旅行のコースは次のようなものだった。

東京都立高校「ひので」利用による淡路島、四国、小豆島、京都の修学旅行
1960 年（昭和 35 年）3 月実施

第 1 日　品川 8：50 −（ひので）−京都着 15：58 −（国電）−明石−（船）−岩屋−貸切バス−福良（泊）
第 2 日　福良（鳴門海峡の観潮）−鳴門−（貸切バスで屋島・栗林公園見学）−琴平（泊）
第 3 日　琴平−高松（船）−小豆島（見学）−坂手（船）−飾磨（船）−姫路 16:00 −京都 18:46（泊）
第 4 日　（京都市内グループ別行動）−京都 20:31 −（ひので）−（車中泊）
第 5 日　−品川 6:03 着

兵庫県西宮市立中学校　「きぼう」利用による箱根、鎌倉、東京への修学旅行
1963 年（昭和 38 年）実施

第 1 日　　西宮−(国電)−大阪 9:45 −（きぼう）−熱海 16:45 −（バス十国峠経由）−小涌谷（泊）
第 2 日　　小涌谷−（貸切バス芦ノ湖遊覧、江ノ島、鎌倉、横浜、羽田空港見学）−東京（泊）
第 3 日　　貸切バス東京見学−東京 19:40 −（きぼう）−（車中泊）
第 4 日　　−大阪 5:16 −（国電）−西宮着

　座席は片側 3 人（もう一方は 2 人掛け）掛けで一列 5 人。12 両編成（定員 1,200 名）と 8 両編成（定員 800 名）を確実に運転する。各座席に

は跳ね上げ式のテーブルがあり、カーテンで仕切られた休養室も設けられ（159系になると簡易ベットになるように改良）、時計とともに速度計も付けられていた。翌1960年（昭和35年）6月1日から東京駅から出発したいという要望があり、東京8:00始発となる。

　この他にも、東海三県（愛知、岐阜、三重）「こまどり」、関東第2専用電車「わかくさ」、関西第2専用列車「わかば」、高校生を乗せ下関―東京間を走った「わこうど」など、また近畿日本鉄道が1962年（昭和37年）に運行した近畿、東海地区児童修学旅行専用電車「あおぞら」などがある。「あおぞら」は2階建ての車輌で、子どもたち憧れとなり、乗った人の話によると当時珍しかったウオータークーラーが印象的だったそうだ。

左：わこうど 小林武氏撮影　右：あおぞら 吉里浩一氏撮影　両方とも「鉄道ピクトリアル No.826」より

修学旅行専用船の登場

　専用列車ができてまもなく専用船も造られる。専用車と同じように一般客と交わらず計画を立てるのが容易になるという理由で、この耳慣れない名前の船は結局3隻造られる。船会社にとっても収入の安定につながったのではないだろうか。2隻は、関西汽船所有の「わかば丸」「ふたば丸」(舞子丸の後身)、あとの1隻は瀬戸内海汽船「くにさき」である。3隻とも元は定期客船で、それを改造したものであった。

わかば丸の前身おとわ丸

　「わかば丸」は今までなかった船の種類、「修学旅行専用船」という
名前がついた最初の船である。もともとは定期航路の客船であったが、
改造されて「わかば丸」となった。それまでの船名は「おとわ丸」である。
　その「おとわ丸」の足跡からたどることにしよう。1942年(昭和17年)
7月27日に阿波国共同汽船の船として卜部造船（現内海造船）因島で
進水するが、即日移籍し関西汽船所有となる（竣工とともに関西汽船
に移籍という資料もある）。関西汽船は国策でつくられた会社であり、
本船は阿波国共同汽船から出資された船ということになる。翌1943年
（昭和18年）竣工する。
　「おとわ丸」の船名の由来は、大阪の「お」徳島の「と」和歌山の「わ」
からのもので、文字通り大阪－小松島航路に就航した。戦時中のこと、
機銃掃射を受けその弾痕が、事務長室のベットの枠に残ったという。
　要目は次のとおりである。
　　総トン数909.93トン
　　ディーゼル機関　1基　1,000馬力　速力11.5ノット
　　旅客定員　1等36人　2等甲76人　乙62人　3等371人

関西汽船絵葉書

「関西汽船の船半世紀」より

　小松島航路以外にも、大阪－神戸－坂手－高松－坂出－多度津航路
や、阪神－今治－高浜－門司航路にも就航している。また「船からみ

た　第2次大戦後から半世紀の神戸港」によると、次のような活躍も
している。

　1951年（昭和26年）8月26日17時30分、8月最後の日曜日を楽
しむ納涼ショウボートとして1,200名を乗せて神戸港中突堤を出港す
る。須磨、舞子の浜、紀淡海峡、大阪湾を廻って22時30分帰港するコー
スであった。ダンスパーティー、のど自慢、懸賞くじなどで楽しんで
いる。また今では考えられない“船上ストリップ”なども行われたと
いう。翌年の8月9日、8月23日にもショウボートが行われ、それぞ
れ500人の乗船客が楽しんだ。同じ年の1952年（昭和27年）9月25
日朝5時過ぎ神戸港内に向かっていた貨物船「泰久丸」（99トン）と
大阪に向かっていた本船が衝突。「泰久丸」は新三菱重工神戸造船所ま
でたどり着くが、沈没した。本船には被害はなかった。

　1957年（昭和32年）7月10日には大阪商工会と朝日新聞共催の「近
畿見本市船」として大阪から神戸港に入港し、その日のうちに小松島
に向けて出港している。前書2で紹介した見本市船の国内版で、京阪
地区のメーカーの製品を西日本各地に紹介するのが目的である。寄港
先は小松島から始まり、坂出、新居浜、宇部、大分、八幡浜、呉、尾
道と廻り、30日に帰港した。

わかば丸誕生

　1961年（昭和36年）1月、近畿2府5県の高校によって近畿地区高
等学校旅行委員会が結成され、早々に財団法人全国修学旅行研究協会
（全修協）と連携して関西汽船に修学旅行専用船をつくることを要請
する。関西汽船はその意義を重視し、要望に応えるため「おとわ丸」
を佐野安船渠にて改装する。改装費1億5,000万円は、銀行団の全面
的な協力を得て融資される。この頃の佐野安は客船建造（104頁参照）

も多数行っていたが、修理や改装も多く行っていた。ほとんど関西汽船の客船である。「わかば丸」を除いてまとめてみると次のようになる。

改装は1962年（昭和37年）3月10日に完工。船名を近畿地区の高校生から公募して「わかば丸」に改名する。この改装によって要目は次のように変わっている。

完工年月 （昭和）	船名	総トン数	改装内容	所有会社
31-11	高知丸	793	練習船を貨客船	関汽
35-3	太平丸	965	主機換装	〃
35-8	平和丸	938	〃	〃
36-7	藤丸	596	〃	九商
37-3	わかば丸	1044	〃	関汽
36-12	浮島丸	2611	船室改造	〃
38-7	はぴねす	724	船室増設	加藤
38-12	あけぼの丸	1024	冷房新設	関汽
39-3	ふたば丸	1080	主機換装等	〃
39-6	あかね丸	1020	冷房新設	関汽
39-7	さくら丸	1077	〃	〃
39-12	浮島丸	2611	〃	〃
40-7	こがね丸	1858	冷房・客室増	〃
41-2	平和丸	938	主機換装・客室増	〃
41-6	太平丸	965	〃	〃
42-6	沖之島丸	2916	客室増設	〃
44-2	浮島丸	2611		〃

関汽は関西汽船　九商は九州商船　加藤は加藤汽船の略
「SANOYAS 80年の歩み」より

総トン数　1,044.03トン

2,350馬力　最高速力17.01ノット　航海速力14.5ノット

定員　坐席56人　一般旅客席709人　集会席（食堂）88人　計853人

学校側の意見を尊重して全船モノクラスにしたことで好評を博す。写真は、天保山桟橋における就航式のものと思われる。

満艦飾のわかば丸

舷門のデコレーション船名

上空にはヘリコプターが見える

花束贈呈

ブラスバンドも花を添える

上記6枚の写真は、
全国修学旅行研究協会提供

　1962年（昭和37年）3月15日17時、瀬田工業高校修学旅行生
227人を乗せて南九州一周の初航海に神戸中突堤から出港する。高松
港から中学生400人が乗船する。船側は「生徒ばかりの団体サービス
は初めて、食事は多人数なのでカレーライスか親子丼の一品にします」
という対応だった。申し込み状況一覧表を見ると、上記のように1隻
の船を複数の学校で利用する場合が多かった。引率者はトラブルなど
心配もあったと思うが、一般客の乗船する定期便と比べれば気遣いは
少なかったと思う。

　当時の専用船を使った修学旅行のコースは次のようなものであった。
兵庫県立高校　往路集約臨時列車　復路修学旅行専用船による九州への修学旅行
1965年（昭和40年）10月実施

第1日	三ノ宮―（9205～9325列車）―（車中泊）
第2日	―武雄5:45―（貸切バス弓張岳、西海橋、長崎市内見学）―雲仙（泊）
第3日	雲仙―島原外港―（フェリー）―三角―熊本（市内見学　泊）
第4日	熊本―（貸切バス阿蘇山、やまなみハイウェイ）―城島（泊）
第5日	城島―（貸切バス　地獄めぐり）―高崎山―別府港18:30―（修学旅行専用船　船中泊）
第6日	神戸港10:00着

　関西汽船の作った南九州標準コース　船以外すべて貸切バス

第1日	天保山15：30発―　　　　　（修学旅行専用船　船中泊）
第2日	別府港8:00着―地獄めぐり―高崎山―豊後竹田―阿蘇山山頂―阿蘇（泊）
第3日	阿蘇―高千穂峡―延岡―日向―高鍋―宮崎（泊）
第4日	宮崎―子供の国青島―えびの高原―霧島神社―桜島溶岩道路―袴腰（船）―鹿児島（泊）
第5日	鹿児島―鹿児島市内見学（城山、磯公園）―西鹿児島15：35発―（車中泊）
第6日	大阪15：07着

■ わかば丸客室配置図・側面図

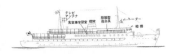

■ わかば丸要目

総トン数	1,044総トン
長　さ	60.96メートル
巾	9.60メートル
深　さ	4.57メートル
主機関	2,350馬力ディーゼル機関　1基
航海速力	14.5ノット
旅客定員	教官又は引率者用室　61人
	食堂兼学習室　90人
	普通船室　654人
	計　805人

Aデッキ

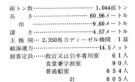

Bデッキ

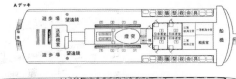

Cデッキ

Dデッキ

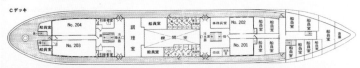

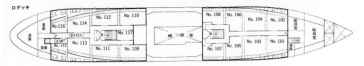

関西汽船パンフレットより

わかば丸　関西汽船

わかば丸　宮崎光男氏撮影

　修学旅行専用船の船内はどのようなものであったか、関西汽船のパンフレットの中の "わかば丸・ふたば丸の性能と特色" からみてみる。

　　モノクラス船室

　　修学旅行団体の誰もが、同じクラスの船室に乗船できるように、等級区別をなくしたのが、モノクラス船室です。船室にはグリーンのジュータンを敷きつめました。照明は明るく清潔なムードでいっぱいです。

　　全船冷暖房

　　全船室はすべて完全冷暖房でいつでも快適な修学旅行が楽しめます。船室照明は清潔さに溢れた、明るい蛍光灯照明です。

　　食堂・学習室と海のライブラリー

　　約90人の生徒が、一度に食事や、学習や、その他の集会などに使っていただけます。調理室・配膳室・冷蔵室が食堂と隣り合っていますから配膳などがたいへんスピーディーです。それに、海洋に関係した教材や資料がわかりやすく展示されており、船の移り変わりや、航海に必要な知識などが、一目でわかる "海のライブラリー" として好評です。

　　安全性の強化

　　この船のもつ性格から、何よりもまず安全性です。そのため船橋を下のデッキに降ろして重心の下降をはかり、復原性がすばらしく向上しています。

　　★救命設備として、今までの木製ボートの代り、軽い自動膨張式救命イカダ（ゴムボート）を定員分設置しています。この救命イカダは、海に投下するだけで、自動的に30秒位でゴムボートの形を作ってしまう、最も新しい方式の救命イカダです。非常に軽く、そのため船の上部重量をいっそう軽く

していますから、安定度は一段と高まっています。

広いプロムナードデッキ

デッキの救命ボートが、場所をとらずに格納できるゴムボートですから、このデッキは広々とした格好のプロムナードです。上部は、プラスチック製の固定オーニングで覆いました。

14.5ノットの快速

2,000馬力以上の最新型ディーゼル・エンジンを装備しました。14.5ノットの快速で、阪神―別府間を15時間余りで航走します。

望遠鏡とテレビ

Aデッキ後部の遊歩場には望遠鏡2台を設け、瀬戸内海のすばらしい景色を楽しめます。食堂（学習室）には、テレビ2台を設置しました。

16mm映画など

船内には16mm映画が上映できるようにスクリーンを設けています。また、ふたば丸のBデッキ機関室の後部壁面は海と船についての教材が、パネル形式で展示され、そのほか今どこを航行しているのか、どの港には何時に着くのか、といったことが一目でわかる大型航路図が、Cデッキの壁面にパノラマ式で描かれています。

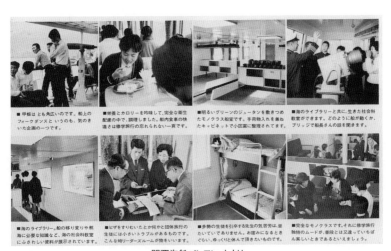

■甲板はとも角広いのです。船上のフォークダンスと いうのも、気のきいた企画の一つです。

■栄養とカロリーを吟味して、完全な衛生配慮の中で、調理しました。船内食事の快適さは修学旅行の忘れられない一頁です。

■明るいグリーンのジュータンを敷きつめたモノクラス船室です。手荷物入れを兼ねたキャビネットで小区画に整理されてます。

■海のライブラリーと共に、生きた社会科教室ができます。どのように船が動くか、ブリッジで船長さんの話を聞きます。

■海のライブラリー。船の移り変りや航海に必要な知識など、海の社会科教室にふさわしい資料が展示されています。

■ヒザをすりむいたとか何かと団体旅行の生徒には小さいトラブルがあるものです。こんな時リーダーズルームが物をいいます。

■多勢の生徒を引率する先生の気苦労は、並たいていではありません。お疲みになるときぐらい、ゆっくりと休んで頂きたいものです。

■完全なモノクラスです。それに修学旅行独特のムードが、普段とは又違っていちばん楽しいときであるといえましょう。

関西汽船パンフレットより

-71-

わかば丸船内　関西汽船パンフレットより

本船は近畿地区修学旅行専用船という位置づけで、主にこの地区から九州への修学旅行を担い、大阪・神戸～別府間に就航していた。就航した年の初航海から年度末（1962・3・15 ～ 1963・3・31）輸送実績（101 航海）は次の通りである。

大久保一郎氏の手による関西汽船絵葉書

学生団体	春季 3 月下旬～ 5 月下旬	209 校	50,923 人
	秋季 9 月下旬～ 11 月中旬	99 校	28,910
	小計	308 校	79,833
一般客		36 件	23,112
合計		344 件	102,945

（註）1 「わかば丸」定期運航中は一般客との混乗は一切行っていない。従って、上表の「一般客」とは、各種商店、会社などの貸切船として就航した場合の数を示す。
　　　2 上表のほか、夏季洲本航路臨海学舎団体輸送（17,517 人）や、年末年始の多客時の定期船の附船として増便した際の実績（約 2 万人）などは含んでいない。

翌年の春季輸送実績は 59.5 航海で、次のようである。

学生団体	216 校	53,563 人
一般団体	36 件	20,145
合計	252 件	73,708

学校関係者にも好評で、実績もあがり、第 2 船建造の計画が持ち上がる。第 2 船は、九州各県と四国の一部の中学、高校の輸送を対象に建造を進める。第 2 船は「舞子丸」を姉妹船にすることが決まっていた。

詳述は、「ふたば丸」の項に譲る。

　就航 6 年を迎えた 1968 年（昭和 43 年）3 月 27 日、弁天埠頭出港の本船に乗船した 100 万人目の修学旅行生に記念品が贈呈された。この 100 万人は、「わかば丸」「ふたば丸」両船合わせての実績であるが、100 万人とは凄まじい数ではないだろうか。なお、修学旅行専用列車は前年の 1967 年（昭和 42 年）に 100 万人を突破している。

　次の年 1969 年度（昭和 44 年）の利用実績が「修学旅行新聞」に載っている。「わかば丸」と、後述する「ふたば丸」を合わせての数である。

府県名	学校数	乗船人数
大阪	59 校	14,595
京都	16	3,077
兵庫	57	20,436
滋賀	9	1,307
奈良	35	8,365
和歌山	18	5,854
三重	50	17,386
小計	244	71,020
他県	218	53,529
総計	462	124,549

ふたば丸誕生

修学旅行新聞の広告

　「舞子丸」は「わかば丸」同様、佐野安船渠で改装され、1964 年（昭和 39 年）3 月 10 日午前 11 時に関西汽船に引き渡される。船名は九州全県の中学校より公募して、「わかば丸」の姉妹船にふさわしい「ふたば丸」と命名される。1 億 8,000 万円をかけて主機を 2,000 馬力の最新に換装し、内部をモノクラスにした。速力も 14.5 ノットにアップし、

大阪－別府間を 15 時間で結ぶようになる。前述の「小型客船 28 隻組」
には「この改造は内装かつ外観まで徹底的に行なわれ、角ばった船体
がスマートな丸味をおびた船容となり、船内はモノクラスで、図書室、
ミーティング・ルーム（食堂兼用）、医務室が新設された」と記されて
いる。

ふたば丸船内

食堂兼学習室　　　　　　　　　　　　　　レーダーを囲む生徒
左手にファンネルマークの説明のパネルが見える　両方とも「世界の船 '64」より

ふたば丸　大久保一郎氏の手による関西汽船絵葉書
左上に小さく「修学旅行専用船」とある

　翌日 3 月 11 日の初航海で、京都の大谷高校 2 年生 133 人を乗せ、別
府に向けて中突堤を出港する。関西の高校の修学旅行は、オリンピッ
クを控えて道路工事の多い東京方面を避け、南九州に集中していた。
5 月 14 日までに前年の 3 割増しの 36,000 人の予約が入っていた。

■ ふたば丸客室配置図・側面図

■ふたば丸要目

総トン数	1,080総トン
長　さ	61.36メートル
巾	9.80メートル
深　さ	4.80メートル
主機関	2,000馬力ディーゼル機関 1基
航海速力	14.5ノット
旅客定員	教官又は引率者用室 54人
	食堂兼学習室 84人
	普通船室 667人
	計 805人

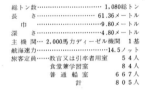

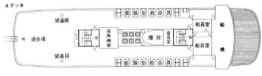

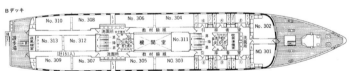

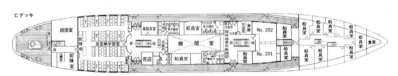

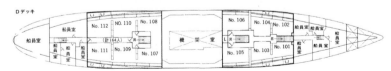

ふたば丸の一般配置図　関西汽船パンフレットより

前述したパンフレットから料金表などを載せてみよう。

	大阪　神戸	高松	今治	松山	別府
中・高生 小学生	434 (372) 248 (217)				
中・高生 小学生	651 (558) 372 (326)	315 (270) 180 (158)			
中・高生 小学生	756 (648) 432 (378)	350 (300) 200 (175)	112 (96) 64 (56)		
中・高生 小学生	1022 (876) 584 (511)	798 (684) 456 (399)	581 (498) 332 (291)	476 (408) 272 (238)	

	大阪　神戸	洲本
中・高生 小学生	217 (186) 124 (109)	

・（　）内の数字は季節割引で1月11日〜3月10日・6月1日〜7月20日・9月中11月21日〜12月20日の間に適応されます。
・中・高生は30人以上、小学生は100人以上の場合の計算です。

この料金を当時の定期便（阪神―別府航路　1965年3月〜5月）の2等ものと比べてみる。

大阪　神戸	高松	今治	松山	別府
510円				
770	370円			
890	410	130円		
1,210	940	690	560円	

	大阪　神戸	洲本
2等	260円	

修学旅行専用船の料金と定期便のそれを比べてみると、大人料金のほぼ85％にあたる額に設定されていたことがわかる。学生証を見せる学生割引では2等に限り2割引きであったので、

修学旅行新聞の広告

それよりは料金を上乗せしている。多分それから値引き交渉があったのではないか。当時は観光船（くれない丸型やこはく丸型）には、この料金の他に特別料金が加算されるように設定されていた。

大阪－別府間の所要時間は15時間なので、次の表の定期便と比べても時間に格段の差があったわけではない。

	大阪発	別府着	所要時間
別府航路観光1便	7時20分	21時50分	14時間30分
観光2便	16時30分	7時10分	14時間40分
普通便	19時30分	13時10分	17時間40分

パンフレットには発着時間について次のように書かれていた。

修学旅行専用船の定期発着時間

　ふたば丸・わかば丸は春秋の修学旅行シーズンには阪神、別府両港から毎日出帆して定期的に運航致します。その発着時間など詳細については、最寄りの関西汽船営業所や日本交通公社、近畿日本ツーリスト、日本旅行会（筆者注　現日本旅行）などの最寄りの旅行案内所にご照会下さい。なお団体客の便宜を図るために途中の港に臨時寄港することもあります。

　修学旅行がシーズンオフの間は、洲本港から細島港まで臨時便や増発便などに利用される。「ふたば丸」は神戸港での事故も多く記録されている。年代別にまとめてみる。

　1964年（昭和39年）8月7日23時ごろ小松島航路の本船（乗客384人）が大阪から神戸港に入港しようとしていた時、神戸から横浜に向かおうとしていた大神海運貨物船「大杉丸」（418トン）と衝突。「大杉丸」船首が中破、本船は異常なし。

　1967年（昭和42年）2月9日神戸から小松島に向かっていた本船（乗客106人）が機帆船「第二浮島丸」（98トン）と接触。「第二浮島丸」は船尾を小破。本船は30分遅れで小松島に向かう。

　1967年（昭和42年）7月27日17時15分ごろ、大阪から入港中の本船と神戸から堺に向かう愛媛県の貨物船「明徳丸」（195トン）が接触。本船は船首、「明

徳丸」は左舷船倉がそれぞれ50cmへこんだ。

　1971年（昭和46年）1月31日8時5分ごろ、中突堤の先端西南約200m付近で洲本発神戸行の本船（乗客76人）と機帆船「有楽丸」（74トン）が衝突。「有楽丸」は左舷中央部を大破、浸水がひどくタグボートに救出された。本船はほとんど被害なし。

　さすがに海上保安部は関西汽船に対して「客船だけに大事故になる恐れがある。港内の操船はスピードを落とし余裕をもって入港するよう」異例の警告をした。

ふたば丸　小松島港

神戸港　昭和47年10月10日
宮崎光男氏撮影

　事故のニュースばかりではなく、子どもたちの思い出づくりに一役買ったこともある。

　1972年（昭和47年）8月7日10時、西宮市内の中学生約300人を乗せて「西宮少年の船」と称して今治向けて中突堤を出港する。3泊4日の日程で10日16時帰港する。

　1974年（昭和49年）4月2日10時、日本子供村推進協議会がチャーターし、兵庫、大阪、京都の小中学生約280人を乗せて中突堤を出港する。2泊3日で小豆島など瀬戸内海の島々、広島を訪問し、4日17時に帰港する日程であった。

もう一つの専用船、瀬戸内海汽船・くにさき

　修学旅行専用船として活躍したもう一つの客船、瀬戸内海汽船「くにさき」について紹介しよう。

関西汽船には前述したように2隻の専用船が就航した。この時代、瀬戸内海汽船でも「くにさき」（418総トン）が専用船として就航していた。もう一隻の修学旅行専用船である。専用船の就航は、関西汽船の方が早かったが、業界で積極的に修学旅行生の受け入れを考えていたのは瀬戸内海汽船である。前述した小説『臨3311に乗れ』の中の文章で、その当時の様子がわかる箇所を一部引用してみる。

　名古屋地方の高校生の修学旅行先は、中国・四国地方が多かったが、これもまた、難行苦行の旅に近かった。

　大阪または神戸から夜行の定期船で高松へ出、琴平などで泊る。次の日、宇高連絡船で宇野へ戻り、国鉄を岡山で乗り継いで広島へ、さらにバスで泊まり先の宮島へ、といったコースが標準、乗りかえ乗り継ぎも多いが、とくに問題になったのは、夜の船旅であった。

　関西汽船の定期便にのるわけだが、これも、ひどい混雑で、階段にも雛人形のようにぎっしり並んで坐った上、デッキまで溢れ出る始末。三月ごろの修学旅行だと、船内は暑苦しいし、デッキは凍えそうになる。事故や病気の心配もあり、先生たちは頭をかかえていた。

　野武士たち（筆者注　近畿日本ツーリストの前身日本ツーリストの社員）は、ここでもまた、修学旅行専用のチャーター便を出してくれるよう、関西汽船にかけ合った。

　だが、「そんな船があるもんか」と、けんもほろろのあしらいであった。（中略）船会社の係員（筆者注　瀬戸内海汽船尾道支店　社員）は、親身になって応待してくれた。

　それというのも、瀬戸内海汽船でも、社業の発展のため、観光客誘致に本格的に取り組もうとしていた矢先であった。（中略）こうして、船のひき回し便ともいうべき修学旅行専用船が走り出した。関西汽船のそれにくらべれば、大きさも一回り小さいし、船齢も古い。だが、貸切船なので、混雑はなく、船室で楽に眠って行ける。

くにさきの前身である国鉄連絡船時代

　「くにさき」は瀬戸内海汽船に売却されるまでは、国鉄の連絡船であった。船名を「水島丸」（336.73 総トン）といい、瀬戸内海汽船に来てからもしばらくはこの船名で就航していた。「水島丸」は宇高連絡船での初の新造船である。それまでの就航船である「玉藻丸」「児島丸」は、山陽鉄道の船であったが、山陽鉄道が岡山－宇野線、宇野－高松連絡航路の建設許可を受けたにもかかわらず着工できず、代わって国鉄が1910 年（明治 43 年）6 月開設したのである。「玉藻丸」と「児島丸」は同型船で、それの補助の形で「水島丸」が建造されたので新造時の姿は両船に影響された。ところが「水島丸」はよく改造をされ、のちには後輩である「山陽丸」（561.2 総トン）型に似せられてしまったという。

　本船ほど多数改造された船は、他にはないのではないか。新造船時は、最上甲板、上甲板、下層甲板に分けると、最上甲板全部に 1 等室、上甲板前部に花模様のじゅうたんを敷き詰めた 2 等室、後部に窓側に腰かけ畳敷きの 3 等室

初期の頃のくにさき「宇高航路 50 年史」より

左舷側に売店、右舷側に事務室を配していた。下層甲板は全部にソファーを置いた畳敷きの 2 等室、後部は窓側に腰かけ畳敷きの 3 等室であった。また、上甲板には手小荷物室があって手小荷物のばら積みをしていたという。

　1923 年（大正 12 年）に「山陽丸」が就航すると旅客定員、手小荷

物の運搬量に大きな差が出て、配船上不都合が出てくる。これから本船の改造が始まり、1923年（大正12年）6月、12月、1925年（大正14年）3月と行われ、続いて1930年（昭和5年）8月、1935年（昭和10年）6月にも改造される。それによって外観もかなり違ってくる。定員の変化を表にしてみると次のようになる。

左　撮影時期不明　右　大正6年ごろ　両方とも「さようなら宇高連絡船」より

水島丸旅客定員推移表　　　　　　　　　　　　　　　　　　単位　人

年 等級	1917年 大正6年	1919年 大正8年	1924年 大正13年	1932年 昭和7年	1934年 昭和9年	1935年 昭和10年	1936年 昭和11年
1等	10						
2等	69	79	128	68	68	68	71
3等	414	414	669	816	776	816	799
計	493	493	797	884	844	884	870

1等室は大正8年に廃止され大正12年までは特別室として使用されていた

「宇高航路50年史」より

　箇条書きで「水島丸」の主な出来事を振り返ってみると、よく事故にもあった船である。

1923年（大正12年）12月7日　和歌山に回航し鉄道視察官乗船

1935年（昭和10年）2月29日　「虎丸」と接触

1936年（昭和11年）2月1日　　加茂の瀬戸付近で底触

1937年（昭和12年）3月22日「第二寿丸」と衝突

1942年（昭和17年）2月23日「大里丸」と高松港口付近で衝突。「大里丸」
　　　軽損傷

　　　同年　　　　　　3月5日　荒神島北東端約700m沖で擱座。軽損傷

1943 年（昭和 18 年）4 月 6 日　直島水道南口串山鼻で座礁。軽損傷

同年 10 月 4 日〜10 月 31 日まで山陰地方列車不通復旧資材・要員及び旅客輸
　　　送をするため東畑—浜田—温泉津—波根間に臨時運航

同年　　　　　11 月 25 日　直島水道北部で「三徳丸」と衝突。「三徳丸」沈没

1944 年（昭和 19 年）2 月 11 日　獅子渡鼻付近で「勢古丸」と接触

1945 年（昭和 20 年）7 月 24 日 20 時 20 分　米グラマン機の銃撃。職員 1 名
　　　軍人 2 名死亡

1947 年（昭和 22 年）8 月 20 日まで 30 年間、宇高連絡船として働き、仁方
—堀江航路（仁堀航路）に転出する。仁方は広島県呉市、堀江は愛媛県松山市
にある。この航路は前年の 1946 年（昭和 21 年）5 月 1 日に開業された航路で、
国鉄連絡船 9 航路の中で最後に開業された連絡船航路である。「水島丸」は転出
する前年、つまり開業した年の 6 月 30 日から 7 月 25 日まで本航路に援軍に行っ
ていた。

　仁堀航路で 5 年間就航したのち、1951 年（昭和 26 年）12 月 20 日に、もう
一度古巣の宇高航路に戻ってきている。1953 年（昭和 28 年）3 月 9 日落札され、
瀬戸内海汽船に売却される。

現在の仁方桟橋

仁方桟橋にある仁堀航路跡の石碑

現在の堀江港

堀江港の碑の除幕昭和 57 年 7 月 7 日
「鉄道連絡船 100 年の航跡」より

瀬戸内海汽船時代

　1953 年（昭和 28 年）3 月 18 日から、それまでの「第 12 東予丸」「第
15 東予丸」に加えて尾道－今治航路に就航する。

瀬戸内海汽船の水島丸「55 年史」より

「四国旅客船の変遷」より

　「水島丸」が瀬戸内海汽船に来る前年の 1952 年（昭和 27 年）8 月、
「加徳」（418.66 総トン）が購入され（「つるみ」と改名）、1953 年（昭
和 28 年）5 月 7 日、両船の披露を行い、午前中は株主、代理店、学校
関係者など 1200 人、午後は関係官庁、利用者代表など 250 人を招待す
る。「加徳」は元敷設艇で、のちに海上保安庁の巡視船となった船で、「船
と港」82 号（2000 年 9 月発行）で岡田浩一氏が詳細に報告されている。

　このあと「水島丸」は、船名を国東半島からとったと思われる「く
にさき」に改名している。1959 年（昭和 34 年）には主機換装し、ディー
ゼル 420 馬力 2 基となっている。

　1955 年（昭和 30 年）代中ごろから修学旅行に瀬戸内海を選ぶ学校
が増えてくる。1962 年（昭和 37 年）11 月までに扱った学校団体の貸
し切りは 215 団体で、3 万人以上の生徒を運んだ。特に春は同じ方面
への輸送が集中し、専用船の需要が高まる。中国地方 5 県の教育委員
会や全国修学旅行協会からの要望もあり、1963 年（昭和 38 年）から
別府航路の予備船として使われていた本船を修学旅行専用船とする決
定をする。約 2,500 万円をかけて広島の幸陽船渠（現在の今治造船広
島工場）で改造する。

旅客室明細

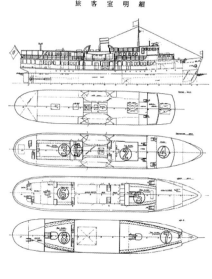

船 名				くにさき				
総 屯 数				387.14屯	船 質	鋼 船		
航行区域			沿 海・平 水		長 さ		47.90米	
					巾		7.62〃	
速 力	航 海 速 力		10.5節	深 さ		3.35〃		
	最 高 速 力		11.5〃	主 機	ディーゼル400馬力2基			
設 備	完応設調							
旅客定具	旅 客 定 配 置				航 海 時 間			
等 級	室番号	位	置		15時間	5時間	74時間以内	
一等	1	遊歩甲板			10	10	8	
	小 計				10人	10人	8人	
二等	2	遊歩甲板	前		49	45	37	
	3	遊歩甲板	後		93	70	60	
	小 計				142人	115人	97人	
サロン	4	遊歩甲板	サロン		49	49	42	
	小 計				49人	49人	42人	
三等	5	上 甲 板	前		73	57	47	
	6	上 甲 板	後		51	36	31	
	7	上甲板下	前		157	157	133	
	8	上甲板下	後		62	69	59	
	小 計				373人	319人	270人	
合 計					574人	493人	417人	

〔註〕 上記室番号は、次頁船図に記入せる旅客室番号を示す。

瀬戸内海汽船株式会社　　　　　　　　　瀬戸内海汽船株式会社

定期船時代のくにさき（水島丸時代から改造されている）瀬戸内海汽船船図より

　1964年（昭和39年）3月6日完成し、愛知県の高校生が宮島から広島まで乗船する。3月12日から本格的に稼働し、愛媛県の吉海中学校の生徒450人を乗せて大阪へ航海をする。

くにさきの絵葉書

　船体は白とコバルトブルーのツートンカラーで、上部側面に赤で"SCHOOL SHIP"と表した銘板が取り付けられていた。冷暖房完備、レーダー、救命施設、船舶公衆電話、飲料水電気クーラーが備えられてい

た。船内には、展望室（望遠鏡2基）、海洋資源資料室、海洋関係図書室、瀬戸内海明細大地図、8ミリ映写機、3台のテレビが設置されていた。医療室や休養室、引率者事務室も設けられている。

　総トン数は418.62トン、最高速力12.55ノットである。定期船時代は382.14総トンなので、僅かながら増トンされている。

専用列車、専用船の終焉

　「きぼう」の最終運行は1971年（昭和46年）10月16日、明石駅出発（大阪から乗車）であった。13年間で181万人を運んだという。それから10日後の10月26日「ひので」の最終便が品川駅を出発した。こちらは13年間で240万人を運ぶ。専用列車がなくなる背景には、1964年に開通した東海道新幹線が修学旅行臨時列車を運行したことが大きい。1970年（昭和45年）10月、日本修学旅行協会などの陳情により国鉄は新幹線特急料金の割引を中学生50%、高校生20%として翌年3月から実施すると決定する。新幹線は1972年（昭和47年）には新大阪—岡山間、1975年（昭和50年）には博多まで延長された。このことは、専用列車だけでなく専用船にも大きな影響を与えたに違いない。老朽化と安全面を考慮して専用船も廃止されていくことになる。

　1972年（昭和47年）3月「くにさき」は桟橋になり、1974年（昭和49年）1月「わかば丸」は売却、解体される。同年11月「ふたば丸」も運休し、翌年1975年（昭和50年）4月売却、解体された。

　この頃1973年（昭和48年）3月10日付「修学旅行新聞」には、「さかんな船づくり　旅の海洋時代を迎う」という見出しで、大島運輸「新さくら丸」（前書2　109、119頁写真あり）、名門カーフェリー「すみよし」、日本高速フェリー「さんふらわあ5」、大洋フェリー「おりおん」などの紹介が載っている。次の号の同年4月10日付には「修学旅行は

船でどうぞ　海運各社がハッスル　フェリーも勢ぞろい」の見出しで
上記のフェリー会社の他に、オーシャンフェリー、日本カーフェリー、
日本沿海フェリー、近海郵船、東海汽船の新造船の紹介が出ている。
専用船は 1,000 トン級、500 トン級であっ
たが、これらの船ははるかに大きく「さ
んふらわあ」のように 1 万トンを超える
ものも出てくる。

　専用列車
や専用船を
つくろうと
動いた教員
たちは、よ

「修学旅行新聞」の広告より

り生徒のための修学旅行を意義深いものにし安全でかつ楽しいもので
あるようにと思い、活動、運動をしてきたと思う。日本は高度成長期
に快適で安全で楽な交通手段ができ、皮肉にも専用列車や専用船は必
要ではなくなったのである。
　修学旅行専用船の最後に、関西汽船、瀬戸内海汽船が生徒向けに作っ

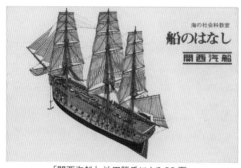

「関西汽船」池田勝氏による 28 頁、
葉書サイズの冊子

「瀬戸内海汽船」B5 版
見開き 4 頁のしおり

ていたしおりを挙げておこう。

　ここからは、専用船ができる前、とりわけ戦前の修学旅行で積極的に船が使用されていたことに触れたいと思う。

戦前、豪華客船での修学旅行があった

　戦前、大型の客船、いわゆる豪華客船による修学旅行が行われていた。ここに挙げる例は現時点で集めることができた断片的な情報ではあるが、1つ2つの例ではなく想像以上に多いことが分かり驚いた。日本郵船や大阪商船が国内航路を修学旅行用に団体受付していたのではないか。船社側としては空で動かすよりは収入につながり、団体割引もあったという。学校側としては、生徒が普段体験できないことをさせるいい機会だととらえていた。その当時は、陸上の建造物より豪華な公室や客室である場合が多かった。食事のマナー教育（現在はホテルなどで行われているが、当時はなかったのではないか）はもとより、時節柄 "海事思想の普及" の意義は大きかった。以下の船の写真は、ほとんど海人社の雑誌、世界の艦船の別冊『日本客船の黄金時代 1939 〜 1941』からである。

　①1896年(明治29年)長崎商業生徒8泊9日の上海方面の修学旅行。船名不明。
　②1902年（明治35年）岡山市私立関西中学校5年生の学業優秀な8名が校長らに引率されアメリカ西海岸の都市に約二か月間の旅行。7月1日横浜から出港、8月28日帰国。船名不明。
　③1906年（明治39年）日露戦争戦跡巡り「満州修学旅行」（約25日間）中学突と師範学校が宇品〜大連間を船で。船名不明。
　④1916年（大正5年）千葉の千葉中学校、大阪商船「はわい丸」（9,470総

はわい丸

トン）にて関西旅行。

⑤ 1926 年（大正 15 年）大阪商船の大連航路利用。中学から大学までの学校数　春季 72 校、秋季 23 校、計 95 校。

⑥ 1932 年（昭和 7 年）〜 1939 年（昭和 14 年）桐生中が「はわい丸」（9,470 総トン）、「りおでじやねろ丸」（9,627 総トン）、「ぶゑのすあいれす丸」（9,626 総トン）、日本郵船の誇る豪華客船「秩父丸」（17,498 総トン）、「龍田丸」（16,975 総トン）、「浅間丸」（16,975 総トン）を利用。

⑦ 1932（昭和 7 年）5 月 21 日　神奈川県立高等女学校が「龍田丸」で関西方面へ　横浜〜神戸

⑧ 1935 年（昭和 10 年）5 月 30 日〜 31 日にかけて、東京市立第二中学校が「龍田丸」で関西方面に。

⑨ 1935 年（昭和 10 年）　横浜市立高等女学校が「浅間丸」で関西方面へ。

⑩ 1939 年（昭和 14 年）天王寺師範学校は、行きは関釜連絡船で釜山に、帰りは大連から大阪商船「うらる丸」（6,375 総トン）で神戸へ。

⑪ 1940 年（昭和 15 年）京都手芸高等女学校の生徒は、修学旅行の帰途、横浜〜四日市まで「あるぜんちな丸」に乗船。

⑫同年堺中学の生徒は、神戸〜横浜まで「あるぜんちな丸」に乗船。

りおでじやねろ丸

ぶゑのすあいれす丸

秩父丸改名鎌倉丸と浅間丸

龍田丸

うらる丸

豪華客船を使った修学旅行の目的
は、豪華な食堂やサロンなどで国際
的な雰囲気を体験させるためでも
あった。当時の中学校、高等女学校、
またそれ以上の上級学校は選ばれし
者が行くところというのも関係して
いたことだろう。

横浜新港埠頭4号岸壁での記念写真
「横浜港を彩った客船」より

　大阪商船は新造船の「あるぜんちな丸」や「ぶらじる丸」などの区
間乗船を積極的に宣伝、誘致した。外国航路の国内区間利用を宣伝し
ていたことは、大阪商船が昭和15年6月の「夏の船旅」と名付けられ
たパンフレット（下の写真）にも表れている。「紀元二千六百年の神詣」
「九州の聖地御案内」「近畿の聖地御案内」「非常時の夏休を　沖縄へ
　満州へ　台湾へ」「金毘羅宮・大三島参拝」と観光案内や船の紹介が
ある。最後に「大型船の旅」として、ぶらじる丸の社交室の写真とと
もに次の文章がある。

大阪商船パンフレット

非常時日本の銃後を守る吾々にとって体位向上をはかる事は現下の急務であります。また海国日本の国民として平素から海に親しみ、船に慣れることの必要な事は言う迄もない所であります。ここにその二つの大目的に合致した理想的なものがあります。それは「大型船の船旅」であります。

　これには大阪商船の国際的大航路南米航路世界一周船その他が横浜神戸相互間に就航していますから、関東関西間の御旅行に御利用ください。神戸から門司へは大連、基隆通いの各船が殆んど毎日のように往復しています。阪神から九州へ九州から阪神への御旅行に便利であります。　（現代仮名遣とし表現も一部変えている）

	3等	和室2等	2等	1等
横浜 ― 神戸間	4円50銭	―	―	20円
神戸 ― 門司間	5円	8円	12円	19円より

　他に通行税を要する　和室2等は国内連絡船のみにあります。
※　昭和15年勤労者世帯実収入　月125円

戦後の「白龍丸」と「氷川丸」の記録

　戦後1952年（昭和27年）、室蘭清水丘高校が東京への往復に、豪華客船ではないが当時としては大型貨客船大阪商船「白龍丸」（3,118総トン）に乗った記録が見つかっている。

　また戦後生き残った日本郵船の豪華客船「氷川丸」もまた神戸から名古屋へと修学旅行生を乗せていた。国内航路、太平洋航路に復帰し活躍したのちは、1961

白龍丸　大阪商船絵葉書

年（昭和36年）6月2日から横浜港山下公園前で「ユースホステル氷川丸」として開業した。見学料は大人100円、中学生80円、3才以上

50円であった。また当時の修学旅行が東京2泊、横浜1泊というパターンで、修学旅行生用の宿泊施設が足らなかった。600人を収容でき、宿泊料は大人朝夕2食付きで800円、米持参3食付きで高校生450円、小中学生350円であった。

　しかし新幹線開業とともにこのパターンが崩れ、1973年（昭和48年）宿泊業を止めている。宿泊施設としてかなりの需要があったと思われ、13年間で6万3,000人の宿泊者数であった。

　右は氷川丸マリンタワー株式会社のチラシの裏表である。

　"泊まって楽しい氷川丸"の「団体宿泊者人数500名　5人部屋から16人部屋まで約80室あり　全部寝台になっています」と書かれている。「宿泊設備100人同時入浴可能の大浴場・中浴場6箇所・食堂・洗面所・水洗便所等すべて完備しております」ともある。

団体宿泊料金（ご1名様）

	宿泊料金	サービス料	摘要
一般	1,800 円〜 3,000 円	10%	1泊2食付き（朝・夕）税別
高校生	標準料金 1,500 円	—	1泊2食付き（朝・夕） サービス料・米代共
小・中学生	標準料金 1,300 円		

・宿泊営業は 48 年 8 月 31 日をもって終了させていただきます。

このチラシが宿泊営業の最後のものである。

左の観光絵葉書の日丸の下の看板には「見る船　泊まれる船　宴会クラス会　ダンスパーティー」と書かれてある。右の氷川丸絵葉書は戦後作成のものと思われる。

▲ デッキで弁当を食べる修学旅行生

「氷川丸ガイドブック」より

簡易ベットと浴室、手洗いが増設される

　この章の最後に、良平さんの著書『良平のヨコハマ案内』（1989 年 6 月刊）から氷川丸についての箇所を引用してみたい。

　　氷川丸の船体の色が塗り換えられたのをご存知ですか？黒い船体に白い線、シアトル航路に就いていた当時、つまり現役当時の色にようやく、やっと、ついに戻ったのです！（中略）日本郵船から氷川丸観光という別の会社、これは日本郵船と横浜市と神奈川県の三者によって設立された会社ですが、そこに移った氷川丸はもはや日

本郵船の船ではないからという理由からでしょう。色を塗り換える
ように求められたようです。その結果、まず船体を上部は白、下部
をエメラルドグリーンに変えられました。山下公園の緑になじむよ
うにというそれなりの工夫がされたということです。当初はまだ煙
突はそのまま黒に白地赤二本のマークでしたが、そのうち黒が同じ
くグリーンに変わりました。（中略）

ユースホステルとして船内は修学旅行
の学生たちがトレーニングウエアで走
りまわり、食堂からラーメンやカレー
のにおいがしてくるといった往年の外
国航路の客船らしからぬふんいきでし
たから、色が塗り換えられたのも無理
からぬことと思いました。（中略）

　それが、ようやく、横浜市政 100
周年、横浜開港 130 年を記念して、
氷川丸は昔の現役の姿によみがえった
のです。

『良平のヨコハマ案内』表紙より

舞子丸と同僚だった明石丸

　前書でも取り上げた「明石丸」を重複するものもあるが、もう一度
補足してみる。(前書56、57頁補遺にあたる。本書55頁にも記述がある)
東日本重工（三菱重工）横浜造船所
総トン数 1,112.63 トン
全長 66.21 m　幅 5.00 m 深さ 3.424 m　最高速力 13.85 ノット　航海速力
　　12.0 ノット
1948 年（昭和 23 年）1 月 15 日　竣工　東京船舶所有
　　　　　　日本郵船「舞子丸」とともに阪神〜今治・高浜

竣工時の一般配置図

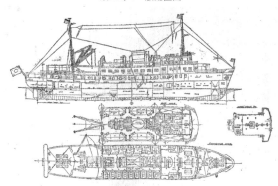

食堂　　　　　公室のマントルピース　　　　1 等洋室　　　　　　1 等和室
食堂、バー、売店などあり室内装飾にもこだわっていた 。雑誌「船舶」より

　1954 年（昭和 29 年）10 月　関西汽船に売船され、阪神〜甲浦〜高
知航路
　1955 年（昭和 30 年）4 月 29 日　須磨丸に代わり、本船が高知〜阪
神間の航路に就航。

明石丸　関西汽船絵葉書　　　　　　　　　関西汽船パンフレットより

1958 年（昭和 33 年）5 月 31 日 20 時 15 分ごろ　神戸港川崎鼻信号
灯北 200 m付近で尼崎市太陽運輸「日ノ出丸」（73 トン）と衝突。「日
ノ出丸」は船尾 2 mを海面に出したまま沈没

　同年 12 月 28 日 21 時半ごろ　羽根村沖で機関故障。関西汽船の「杉
丸」に引航され翌日 3 時半ごろ「高知丸」（800 トン）にバトンタッチ
されて 12 時間遅れの 17 時ごろ神戸港に入港。修理の後 31 日から再び
就航

　1959 年（昭和 34 年）4 月 15 日 20 時　神戸港を出港、途中風波が
高いため翌 16 日 1 時半に小松島港に入港。乗船客約 150 人は小松島駅
5 時 10 分発の列車に乗り換え、高知駅に 11 時 1 分に着く。16 日は 5
時間遅れの 22 時出港となる。

　1971 年（昭和 46 年）10 月 12 日　大阪高知フェリー所属の「明石丸」
は神戸中突堤を出港直後、バックして方向変えようとして後進エンジ
ンを強くかけすぎ対岸の高島岸壁に衝突。エンジンルーム内に浸水し
たが、排水しながら続行。途中で浸水が激しくなり、引き返す。海上
保安部は安全無視の非常識な行為だと船長を調べる。

　1971 年（昭和 46 年）4 月 1 日　大阪高知フェリーに譲渡　同航路
は 12 月 6 日まで

　同年 12 月 10 日　小豆島内海湾に係船（小松島という情報もある）

　1973 年（昭和 48 年）8 月　明石海峡を望む山陽電鉄舞子駅近くの
須磨で陸揚げ

　同年 11 月　レストラン「シートピア明石丸」として開業

　1980 年（昭和 55 年）解体

修学旅行に貢献した戦前の客船たちの要目と船歴

　この項目は、「日本客船の黄金時代 1939 ～ 41」をベースに記しているが、資

料によって大幅に相違がある場合は、その旨を※や（　）にて併記するように
した。また船歴の中には他の資料で補足した。

はわい丸　大阪商船

1915年竣工　9,470総トン
川崎造船所建造
全長150.9m　幅18.6m　深さ
　12.4m
三連成レシプロ２基　8,502馬力
　最高速力16.0ノット
定員　１等12名　３等756名(398名)
香港～タコマ航路
1943年　南洋海運に売却
1944年12月２日　九州南方海上で米潜水艦シー・デヴィルの雷撃により
　沈没

はわい丸　大阪商船絵葉書

りおでじやねろ丸　大阪商船　*ぶゑのすあいれす丸型の２番船*

1930年竣工　　9,627総トン
三菱長崎造船所建造
全長146.9m　幅18.9m　深さ12.0m
ディーゼル２基　6,760馬力　最高速
　力17.6ノット
定員　１等60名　３等1,076名
南米航路
1940年4月　神戸～大連航路に転配
1941年1月　「干珠丸」と改名　日本～
　ハイフォン線
その後　日本～シンガポール～ボル
　ネオ間の輸送に従事
1944年２月17日　トラック島珊瑚礁
　内で米艦載機の攻撃により沈没
※1945年１月12日　サイゴン沖米艦
　載機の攻撃により沈没

りおでじやねろ丸　大阪商船絵葉書

「世界の船74」より

ぶゑのすあいれす丸　大阪商船

1929年竣工　　　9,626総トン
三菱長崎造船所建造
全長146.9m　幅18.9m　深さ12.0m
ディーゼル2基　6,760馬力　最高
　　速力17.3ノット
定員　1等60名　3等1,076名
陸軍病院船
南米航路
1941年7月以降　大連航路に転配
1943年11月27日　西カロリン諸島海
　　域で米B24爆撃機の攻撃により沈
　　没
　　※11月17日という資料もあり

ぶゑのすあいれす丸　両方とも大阪商船絵葉書

秩父丸　日本郵船

1930年竣工　　　17,498総トン
三菱横浜造船所建造
船価1,193万2000円
全長177.8m　幅22.6m　深さ13.0m
ディーゼル2基　20,313馬力　最高
　　速力20.7ノット
定員　1等243名　2等95名　3等
　　500名
サンフランシスコ航路
1939年1月　鎌倉丸と改名
1943年4月28日　フィリピンパナイ
　　島沖で米潜水艦ガジョンの雷撃に
　　より沈没

秩父丸　両方とも日本郵船絵葉書

龍田丸　日本郵船

1930年竣工　　16,975総トン

三菱長崎造船所建造

船価1,121万5000円

全長178.0m　幅21.9m　深さ13.3m

ディーゼル4基　20,663馬力　最高
　　速力20.9ノット

定員　1等239名　2等96名　3等
　　504名

サンフランシスコ航路

1943年2月8日　伊豆御蔵島東方海
　　域沖、米潜水艦ターポンの雷撃に
　　より沈没

龍田丸　両方とも日本郵船絵葉書

浅間丸　日本郵船

1929年竣工　　16,975総トン

三菱長崎造船所建造

船価1,127万4000円

全長178.0m　幅21.9m　深さ13.3m

ディーゼル4基　19,108馬力　最高
　　速力20.7ノット

定員　1等239名　2等96名　3等
　　504名

サンフランシスコ航路

1次日米要員交換船

1944年11月1日　バシー海峡で米潜
　　水艦アテュールの雷撃により沈没

浅間丸　両方とも日本郵船絵葉書

うらる丸　大阪商船

1929年竣工　　6,375総トン

三菱長崎造船所建造

垂線間長123.5m　幅16.8m　深さ
　10.1m

蒸気タービン2基6,658馬力　最高
　速力17.0ノット（17.4ノット）

定員　1等68名　2等130名　3等
　577名（1等65名　2等130名　3
　等583名）

阪神～大連航路

1937年～38年　陸軍病院船

1943年　再び陸軍病院船になり、輸
　送船に復帰

1944年9月27日　南シナ海で米潜水
　艦フラッシャーとレイポンの攻撃により沈没

うらる丸　両方とも大阪商船絵葉書

白龍丸　大阪商船

1943年12月竣工　　3,181総トン

函館船渠函館造船所建造

全長99m　幅14m

三連成レシプロ　3,800馬力　最高
　速力15.8ノット

定員　1等12名　2等35名　特3等
　57名　3等337名

砕氷貨客船　サハリン方面

引き上げ船　室蘭～東京航路

1951年から　沖縄航路

1962年　興進産業売却、解体

白龍丸　大阪商船の絵葉書

「世界の船'74」より

［参考文献］

柳原良平　船の本　柳原良平著　至誠堂　1968 年5月

柳原良平　船の模型の作り方　柳原良平著　至誠堂　1973 年7月

「客船史」を散歩する　柳原良平著　出版共同社　昭和 54 年3月

良平のヨコハマ案内　柳原良平著　徳間文庫　1989 年6月

臨 3311 に乗れ　城山三郎著　集英社文庫 1980 年4月

日本客船の黄金時代 1939 ～ 41　海人社　平成 16 年5月

日本の客船1　1868 － 1945　野間恒、山田廸生共編　海人社　1991 年7月

日本の客船2　1946 － 1993　野間恒、山田廸生共編　海人社　1993 年 10 月

宇高航路 50 年史　日本国有鉄道四国支社宇高船舶管理部　1961 年1月

鉄道連絡船 100 年の航跡　古川達郎著　成山堂書店　昭和 63 年 5 月

さようなら宇高連絡船　山と渓谷社　1988 年3月

70 年史　日本郵船株式会社　昭和 31 年7月

日本郵船歴史博物館　日本郵船歴史博物館　2005 年4月

航跡　日本郵船　2004 年5月

二引の旗のもとに　日本郵船百年の歩み　日本郵船　1986 年 1 月

SANOYAS　80 年の歩み　平成2年9月

広船の歩み　20 年史　昭和 39 年5月

風濤　東京船舶の航跡　2009 年9月

石崎汽船史　海に生きる　平成7年9月

瀬戸内海汽船（株）55 年史　2001 年 12 月

関西汽船 25 年の歩み　昭和 43 年 12 月

関西汽船の半世紀　関西汽船海上共済会　1994 年7月

船からみた第2次世界大戦から半世紀の神戸港　花谷欣二郎、村井正編集　2013 年 12 月

小型客船　28 隻組　日本内航客船資料編纂会　昭和 53 年 10 月

紙模型でみる　日本郵船　船舶史　星雲社　2007 年 10 月

四国旅客舩の変遷　佐伯義良著　財団法人琴平海洋会館　昭和 58 年9月

グラフたどつ　昭和 45 年9月

占領期の日本海運　三和良一著　日本経済評論社　1992 年9月

横浜港を彩った客船　横浜マリタイムミュージアム　2004 年 10 月

氷川丸　ガイドブック　日本郵船歴史博物館　平成 23 年8月

氷川丸物語　高橋茂著　かまくら春秋社　昭和 53 年6月

氷川丸ものがたり　伊藤玄二郎著　かまくら春秋社　平成 27 年5月

氷川丸　西村慶明著　モデルアート社　平成 21 年 11 月

世界の船　各年　朝日新聞社

雑誌「鉄道ピクトリアル」No.826

雑誌「鉄道ピクトリアル」No.827

雑誌「世界の艦船」海人社　各号

雑誌「船の科学」船舶技術協会　各号

雑誌「船舶」天然社　各号

ぼくの大好きな しろがね
－瀬戸内海の主役たち－

瀬戸内海汽船

「しろがね」は、内航客船の中では秀逸の美しさを持った船であると思っている。実物は４回見たことがある。船首からブリッジにかけての曲線、ファンネル回り、スターンの美しさ、ウッドデッキ、小型客船で制約もある中、この美しい客船を造られた思いとはどんなものだっただろうか。発注者や設計者や建造者の言葉を聞いてみたいフネである。所有し運航していた会社は、現在も積極的な経営をされている瀬戸内海汽船である。そして、この青くさい題は、10代のころ好きだった作家、庄司薫の小説の一つ『ぼくの大好きな青髭』からとっている。

　定期船「しろがね」の船旅を、柳原良平さんは『船の雑誌５』（1974年８月）で次のように書いている。

　　　９時20分出港　今治

　瀬戸内海汽船の客船の中では一番大きい。1959年建造だからかなり老齢だが、今になるとかえってクラシックの良さがあって居心地は上々である。今治─尾道航路は１日26便もありそのうち観光客船が９便他は水中翼船である。後部甲板に出て木製のベンチに腰かけていると妙に落ち着いてくる。ちゃんと木甲板が張られているせいだろう。この甲板の前にガラス張りのカウンターがあって、コーヒーをはじめビールなどのサケも飲める。景色もよければ船もいい。仁田社長さん、「しろがね」は大事にしてくださいヨ。

「柳原良平 船の本」より

「船の雑誌５」の表紙より

良平さんは、「しろがね」が大好きだったのである。私も良平さんに
影響を受けたのか、1974年12月、尾道から「はやしお」に乗って今
治に向かう際、本船が動いているのを見た時、かなり興奮してシャッ
ターを切ったのを覚えている。下の写真がその時のものである。

　建造所は大阪・佐野安船渠で、今のサノヤスホールディングスの発
祥の地である。現在はサノヤス造船大阪製造所となっている。「しろが
ね」は竣工後、瀬戸内海汽船の尾道〜今治航路に就航し、後にクルー
ズ船として瀬戸内海を中心に運航されていた。
　それでは、本船の生きざまに迫っていきたい。

しろがね誕生と縁のある船たち

　まずは、建造所の佐野安船渠からその当時の内航客船建造について
紹介する。
　この時期、佐野安船渠は「客船の佐野安」と呼ばれていたと『サノ
ヤス・ヒシノ明昌100年史』には書かれている。「SANOYAS 80年の
歩み」から当時の主な客船、貨客船をピックアップしてみる。

船番	竣工年月	船名	船種	総トン数	船主
101	昭和22年10月	はやぶさ丸	客船	391	関西汽船　28隻組の1隻
140	31年11月	野百合丸	貨客船	200	九州商船
152	32年 3月	ちとせ丸	〃	491	加藤汽船
166	35年 3月	浮島丸	〃	2,611	関西汽船
167	33年12月	KABAENA	〃	1,690	インドネシア賠償使節団
174	34年12月	梓丸	〃	121	九州郵船
180	35年 9月	はぴねす	〃	724	加藤汽船・国内旅客船公団
194	37年 3月	波之上丸	〃	2,244	大島運輸
195	36年10月	ふぇにっくす丸	客船	351	関西汽船
197	36年12月	うらら丸	貨客船	467	阿波国共同・国内旅客船公団
199	37年 3月	あじさい丸	客船	614	東海汽船　　　　〃
204	38年 8月	あわじ丸	〃	493	関西汽船　　　　〃
236	40年 5月	すもと丸	〃	518	〃　　　　　　〃
237	41年 2月	沖之島丸	貨客船	2,916	〃

　上の船のうち、あまり公表されていない写真を掲載する。この写真、絵葉書は、上記の社史と私のコレクションから選んだものである。なお、「はぴねす」「波之上丸」の写真は前書2の93、118頁に載っている。

野百合丸

ちとせ丸

KABAENA

浮島丸

うらら丸　　　　　　　　　　　　すもと丸

貨客船「梓丸」
1959年10月30日

貨客船「浮島丸」
1959年12月18日

貨客船「はぴねす」
1960年8月4日

旅客船「あじさい丸」
1962年1月23日

　ご覧のように、佐野安造船が造る客船や貨客船は優雅さが漂い、や
さしさを感じる船が多いように思う。実際に見た船は数隻しかないが、
どの船も美しい姿で脳裏に焼き付いている。

　さて、本稿の主人公の「しろがね」はどんな船であったろうか。ま
ずは簡単に要目から見てみよう。
　1959 年（昭和 34 年）4 月 16 日起工　同年 7 月 25 日進水　同年 9 月 30 日竣工
　佐野安船渠建造
　359.32 総トン
　長さ 42.0 m　幅 7.4 m　深さ 3.24 m
　ディーゼル機関　1,000 馬力　最高速力 15.04 ノット　航海速力 14 ノット
　当時、パンフレットはカラーのものが少なく、私が持っているカラー
写真（定期航路時代）のものを載せる。

　瀬戸内海汽船は当時、左上の写真と下の一般配置図、要目が表裏に
載っている船図を一隻ずつ作っていた。

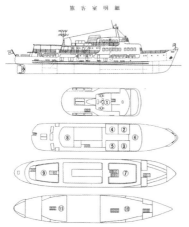

旅客室明細

船　名			**し　ろ　が　ね**				
総電数			360-12電	船　質		鋼　　船	
航行区域		沿　海　区　域		長　さ		42.53M	
				巾		7.40M	
速　力		航海速力	14.0ノット	深　さ		3.20M	
		最高速力	15.5ノット	主　機		ディーゼル1000馬力1基	
設　備		冷暖房、レーダー、ビュッフェ、テレビ、船舶公衆電話 ①0345					
旅客定員		旅 客 室 配 置			航　海　時　間		
	等級	室番号	位　置		1.5時間	6時間	24時間
特等		1	船橋甲板	特別室	14	14	12
		2	遊歩甲板	前左舷	2	2	2
		3	遊歩甲板	前右舷	2	2	2
	小　計				18人	18人	16人
一等		4	遊歩甲板	前左舷	28	28	23
		5	遊歩甲板	前右舷	28	28	23
		6	遊歩甲板前サロン		18	18	15
		7	上甲板	前	78	52	40
	小　計				152人	126人	101人
二等		8	遊歩甲板後ビュッフェ		8人	8人	7人
		9	上甲板	後	87	67	54
		10	上甲板下	前	145	127	105
		11	上甲板	後	49	49	49
	小　計				281人	243人	208人
	合　計				459人	395人	332人

〔註〕上記室番号は、次頁船図に記入せる旅客室番号を示す。

この配置図と客室の写真を見ると本船の客室内の様子がよくわかる。
　「しろがね」は重心を下げるため、操舵室、船長室などの上部構造や
煙突、マストにはアルミ合金が使われている。喫茶室（図⑧）やサロン（図
⑥）をはじめ、ホテル並みに冷暖房完備で、無線電話、テレビなどを
備えている。安全性を重視し、船底は隔壁で細分化し、最悪の場合で
も転覆しないように復原性が考えられ、救命ボート、ゴム製膨張型救
命いかだ18台を乗せている。

喫茶室兼サンルーム⑧　　　　オーナーズルーム（特別室①）　　　サロン⑥

室内写真4枚とも雑誌「船舶」より

瀬戸内海汽船　パンフレットより

　「しろがね」は"初の大型新造船"であり、社長にとっても思い入れ
の強いものがあったという。東京、神奈川、静岡、愛知、岐阜、大阪、
福岡、広島、愛媛、香川の高校1,500校に船名募集の案内を出している。
1等（1人）には、当時の大卒者給料の約3倍弱に匹敵する3万円が
贈られた。地域を限って高校生に船名募集をしたのは、どんな意図が
あったのだろうか。都道府県名からして修学旅行も視野に入っていた
のかもしれない。
　10月3日午後3時30分から広島港で県総務部長、中国海運局長な
ど来賓160人を招いて完成披露式が行われた。続いて40分間の試走を

したという。それも含めて10月5日まで6回に分けて、広島をはじめ大阪、尾道、今治、松山、呉で、総勢400人余りの関係者を招き披露が行われた。

　瀬戸内海汽船は本船以降に多数の客船を造り、四国や島々の交通の主流となってきた。その数々の客船たちの主なものが『55年史』に「国内旅客船公団の資金による新造船と代替船（昭和34年〜40年度）」という題で下表にまとめられている。その中でもフェリーを除けば、本船が最も大きい客船である。

	建造年月	総トン数	代替船	就航航路
うずしお	昭和35・9	262.83	呉丸 (69.6t)	今治尾道連絡船
はやしお	36・3	264.28	第五土生丸 (59.21t)	
そよかぜ	7	62.74	あき丸 (37.38t)	尾道大浜線
おやしお	12	284.49	第三東予丸 (47.41t)	今治尾道連絡船
あまつかぜ	37・4	94.27	不明	竹原線
こがね	8	308.33	第七千代丸 (132.33t)	今治尾道連絡船
はつかぜ	10	60.62	防予丸 (58.49t)	呉線
ぷりんす	38・9	176.82	日光丸 (39.7t) 第一大陽丸 (68.61t)	今治観光便
シーパレス	39・3	435.03	たちばな (210.35t)	芸予線
えんぜる	5	188.59	金勢丸 (122.26t)	今治観光便
えたじま	40・4	167.21	第九角輪丸 (124.28t)	呉線
キングペア	41・3	470.69	春風 (160.94t) 第八千早丸 (156.04t)	鞆—多度津線
クインペア	〃	470.69	第十余崎丸 (49.27t) 第八東予丸 (66.11t) 第三大陽丸 (32.87t) 第三橋北丸 (48.02t)	〃

　国内旅客船公団、船舶整備公団の前身で、国内の旅客船や貨物船を共有船として建造を促進し船舶輸送を充実させる公団である。現在は、独立行政法人　鉄道建設・運輸施設整備支援機構となっている。上記の船の中でカラー写真があるものだけをパンフレットから抜き出してみる。この船たち3隻については後で詳述する。

　本船「しろがね」は国内旅客船公団の資金によるものではない。離島航路整備法による開発銀行からの融資によって 1959 年（昭和 34 年）3 月に佐野安船渠に発注され、同年 9 月 30 日に竣工する。

しろがね　1974 年 10 月4日撮影　1975 年8月3日撮影　両方とも　西口公章氏提供

　ライバル社である石崎汽船が、「春洋丸」（297.37 総トン）を三津浜〜宇品（現在の広島港）・尾道航路に就航させる。「しろがね」就航の 3 年後 1962 年（昭和 37 年）4 月 20 日のことであった。「春洋丸」は石崎汽船のいう「洋」シリーズの第一船で（次に綿洋丸が続く）、6,900 万円で波止浜造船に、ディーゼルエンジンは 1,359 万円で阪神内燃機関に発注する。船価は 8,332 万円である。浴室、軽食堂を備え、1 等ラウンジは松山城の金箔絵と白鷺に湯けむりをあしらったステンドグラスが設えられていた。竣工の年に入社した社員の方にとっても今までにない客船だという印象を持ったという。

春洋丸　両方とも石崎汽船パンフレットより

話を戻すと、「しろがね」は芸予航路に就航する。下の時刻表にある通り、宇品と松山を次のような配船で石崎汽船と共同運航されている。

昭和38年4月1日現在の時刻表

下り	1便	2便	3便	4便	5便
宇品（広島）	8：00 発	10：00 発	13：00 発	15：00 発	18：00 発
呉	8：45 〃	10：50 〃	13：45 〃	15：50 〃	18：45 〃
音戸	↓	11：15 〃	↓	16：15 〃	↓
高浜（松山）	10：40 着	13：10 着	15：40 着	18：10 着	20：40 着
三津浜	11：00 〃	13：30 〃	16：00 〃	18：30 〃	21：00 〃
上り	1便	2便	3便	4便	5便
三津浜	7：40 発	9：40 発	12：40 発	14：40 発	17：00 発
高浜（松山）	8：10 〃	10：10 〃	13：10 〃	15：10 〃	17：30 〃
音戸	↓	11：50 〃	↓	16：50 〃	↓
呉	10：05 着	12：15 着	15：05 着	17：15 着	19：25 着
宇品（広島）	10：20 〃	13：20 〃	15：50 〃	18：20 〃	20：10 〃

この時の瀬戸内海汽船の使用船は「しろがね」と「第11東予丸」(226.49総トン)である。

広島～松山（高浜も三津浜も同じ料金）、呉～松山の運賃表

等級	特1等		1等		2等	
港名	広島～松山	呉～松山	広島～松山	呉～松山	広島～松山	呉～松山
料金	1,280	1,040	860	700	430	350

昭和40年5月1日の新ダイヤが『55年史』に載っている。

下り	1便	2便	3便	4便	5便	6便
宇品（広島）	8：00	10：00	11：40	13：30	15：00	18：30
呉	8：45	10：45	12：25	14：15	15：45	19：15
音戸		11：05		14：35		
高浜（松山）	10：40	12：50	14：20	16：20	17：40	21：10
三津浜	11：00	13：10	14：40	16：40	18：00	21：30
使用船	シーパレス	しろがね	旭洋丸	春洋丸	シーパレス	旭洋丸
上り	1便	2便	3便	4便	5便	6便
三津浜	7：40	9：40	11：40	15：10	16：40	18：20
高浜（松山）	8：00	10：00	12：00	15：30	17：00	18：40
音戸		11：45			18：45	
呉	9：55	12：05	13：55	17：25	19：05	20：35
宇品（広島）	10：40	12：50	14：40	18：10	19：20	21：20
使用船	旭洋丸	春洋丸	シーパレス	旭洋丸	しろがね	シーパレス

第 11 東予丸　瀬戸内海汽船船図より

　「シーパレス」は 128 頁で詳述するが乗用車のみ乗せるフェリーで
あり、「旭洋丸」は石崎汽船が造った初のフェリーである。現在のフェ
リー、高速船の着く広島港は宇品であり、高浜が現在の松山観光港で
ある。三津浜は現在、柳井や伊保田に行く防予フェリーや忽那諸島に
行く中島汽船が発着している。

　このダイヤのようにフェリーと従来型客船が、混合して就航してい
る。この新ダイヤが始まって 4 か月後の 1965 年（昭和 40 年）10 月、
「しろがね」は尾道・今治航路に転配される。それまで「こがね」（308.33
総トン）が就航していたが、新幹線延長による高速化に「こがね」が
対応できず、速力の速い本船に代わったのだ。

　それから後は航路変更なく、尾道～瀬戸田（生口島）～大三島～今
治航路に就いていたと当時のパンフレットから想像できる。

今治港のしろがね　観光絵葉書より

長崎港に係船中のこがね　西口公章氏撮影

クルーズ船になる

　1977年（昭和52年）3月改造して、トン数も364.24トンと若干の増トンとなり、船体も白一色、青いファンネルがアクセントをつける。外観上はほとんど変わってはいない。定員350名で各種全国大会のエキスカーションや企業の展示即売会、レクレーション会場など、クルーズ船の利用の拡大を狙う。

　基本料金は次のとおりである。

4時間未満	4時間以上8時間未満	オーバータイム	廻航料
70万円	85万円	2万円／1時間	1万円／1時間

　料金は細かい規定があるが、廻航料での興味深い点を挙げておく。

　広島以西の場合は広島基点に、尾道以東の場合は尾道基点に空船廻航時間により算出、ただし広島〜尾道区間は無料サービスとしている。

　当時のパンフレット「THE CHARTER MOTOR − YACHT しろがね」には、美しい瀬戸内海の島々の航空写真をバックに次のような文言がならんでいる。

　　せとうち−それは美しい響き をもった言葉
　　せとうち−それは青い空と緑の島の代名詞
　　せとうち−それは白い航跡を描いて走る船
　　せとうち−それは豊かな愛のひろがり
　　　「お好きなところへ、お好きな時に−」

　瀬戸内海を走るチャーター専用クルーズ船の誕生である。

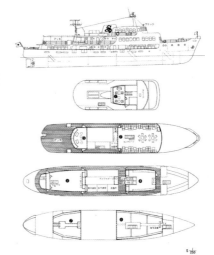

クルージングシップ しろがね概要

● 総屯数／364.21屯　● 航海区域／瀬戸内海一円
● 速力／13ノット　● 長さ／42.53m　● 巾／7.4m
● 深さ／3.2m
● 設備／冷暖房／エレクトーン／カラオケ／売店
　テレビ(VTR)／各種ゲーム／16㎜映写機
　船舶公衆電話

室番号	室　名	1.5時間以内	1.5～6時間	6～24時間
①	ロイヤルルーム	8	7	7
②	プロムナードサロン	48	44	36
③	サンルーム	8	8	8
④	レストルーム	84	66	55
⑤	ジョイフルホール	95	63	52
⑥	コミュニティスクェア	148	94	80
⑦	プレイルーム	49	49	49
合　計		440	331	287

ロイヤルルーム　　　　サンルーム　　　　　　デッキ　　　　　プロムナードサロン

エレクトーン、TV あり

映写設備、TV あり

TV あり

TV あり

TV あり

もう一つのパンフレットから室内の様子を示す。

ロイヤルルーム

プロムナードサロン

サンルーム

レストルーム

レストルーム（右端）には、後ろに古地図のパーテーションが置かれている

定期船時代の客室配置（106頁）と比較すると、次のようになっている。

特別室➡ロイヤルルームに　2等室（上甲板後）➡ジョイフルホールに

サロンと特等、1等室➡プロムナードサロンに　2等室（上甲板下前）➡コ

ミュニティスクエアに　ビュッフェ（喫茶室）➡サンルームに　2等室（上

甲板下後）➡プレイルームに　1等室（上甲板前）➡レストルームに

筆者が撮ったしろがね

この佇まいが大好きである　瀬戸内海汽船パンフレットより

　1977年（昭和52年）3月25日、新装なった本船上で、来賓120名を迎え、尾道－今治航路開設80周年記念式典を挙行した。

　1978年（昭和53年）7月25日には、宮島で開かれた「第20回自然公園大会」にご臨席される皇太子(現上皇)ご夫妻が広島港から途中、阿多田島に寄られ宮島まで本船に乗船された。帰路は本船で呉市に向かわれ、瀬戸内海大型水理模型実験場などを見学された。元船員さんの話によれば、それまではエンジンの調子が悪かったが、整備し事なきを得たとか。

　1986年（昭和61年）9月6日、7日と、'86瀬戸内海クルージング・シンポジュウムが本船上で行わる。同年10月には、広島市、広島青年会議所の共催によって開かれる日本文化デザイン会議の事前イベントであった。

　結婚披露宴にもよく使われた。1988年9月に行われた披露宴のことが紹介されている。神前で挙式を挙げたお2人が、午後12時30分に広島港中央桟橋に到着。親族、友人たちと集合写真を撮って乗船し、船内では媒酌人のあいさつの後、船長の立ち合いで結婚署名録に署名し、船側から船上挙式認定証と記念品を渡し、祝辞のあと乾杯。乾杯の際には発声とともに汽笛を鳴らし、2人の前途を祝す。それから披露宴の始まりとなる。狭い船内に60名を超える出席者だったが、和気

あいあいの宴で出席者は満足したという。「しろがね」に限ったものではないが、瀬戸内海汽船の定期船も含めた貸切船（修学旅行、一般の団体、海水浴など）は、東は阪神、鳴門から西は関門、別府と瀬戸内海を縦横無尽に走ったという。

　『55年史』によると、1989年（平成元年）6月ウエストマリン株式会社に売却される。ところが右のこの広告は、1989年10月〜12月クルーズクラブ特選ツアーと称し、瀬戸内海汽船が作っ

たもの。これが幻の広告（別の船で実施される等）でなければ売却時期1989年6月は明らかに誤りであり、同年12月か1990年となる。

　1990年（平成2年）ホンジュラスに売却され、「ロビー27」（Robby27）と改名される。

しろがねと縁があった船たちの要目とその後

春洋丸…『洋』シリーズ第一船で

進水年月　1962年（昭和37年）2月21日

竣工年月　同年4月10日　　取得年月　同年同月

取得価格　86,132,101円

昭和37年4月20日就航　　三津浜〜広島〜尾道　航路

総トン数 297.37トン

全長 37.69 m　船幅 7.02 m（7.20）　吃水 2.50 m

最高速力 14.5 ノット　航海速力 13.50 ノット

主機出力 850 馬力　主機製造　阪神内燃機　主機種類　ディーゼル

「レジャーブームに沸く昭和40年前後、快速デラックス船として活躍。（中略）中型船でありながら浴室、軽食堂を備え最高速力14.5ノット　航海速力13.5ノット」と、石崎汽船社史『海に生きる』には書かれている。

1966年（昭和41年）11月13日午後8時28分ごろ、大阪から定刻を一時間半遅れて松山空港に到着した全日空 YS － 11 が着陸に失敗、空港沖に墜落した。新婚12組を含む乗客乗員50人全員が死亡。「春洋丸」も遺体捜索に協力。後日、松山市長より感謝状をもらっている。

1968年（昭和43年）には芸予航路の全面フェリー化に伴い、尾道航路に廻った。そろそろ「春洋丸」など客船の役割は終わりかけていた。

石崎汽船は新たなフェリー建造に向けて1971年（昭和46年）12月25日、「春洋丸」を隠岐汽船に4,450万円で売却。1972年（昭和47年）11月22日、芸予航路「旭洋丸」「観洋丸」に続く新造フェリー「恵洋丸」を柳井市の中村造船に発注。トン数は、従来のフェリーより一回り大きく653総トン。乗客定員487人、車輌大型なら8台、乗用車なら32台積める。建造費2億1780万円であった。その費用の一部が「春洋丸」売却のものであった。元船員さんは、社史で次のように述べている。

　　客船（筆者注　春洋丸）ができたんですがそれが非常に印象に残っています。その前の相生丸時代とまったく違って、大きくきれいな船でした。その後「綿洋丸」という船が新造され「春洋丸」は広島航路、「綿洋丸」は尾道航路に就航しました。「綿洋丸」は200トン

以上の大きい船で、その当時尾道航路には、それほどお客さんがお
りませんでしたのでお客さんの数よりも船員の数の方が多いなどと
いうこともありました。

綿洋丸（251.06 総トン）　両方とも「旅客船資料集第2集」より

隠岐汽船の時代

　1972 年（昭和 47 年）1 月 30 日、「春洋丸」を購入する。（前述のよ
うに 1971 年（昭和 46 年）12 月 25 日に売却とあるが購入時期と一致
しない理由は分からない）

　隠岐汽船では「春洋丸」が来るまでは、「おきじ丸」（854 総トン
前書 2・93 頁に写真あり）を西郷－本土直航、「しまじ丸」（960 総ト
ン）を島前－本土直航　を主航路として　島前－島後間の連絡を「第
二おき丸」（493.76 総トンのち三重県志摩郡浜島町でフローティングホ
テルとなる）が運航中止してからは、隠岐島町村組合の「しげさ」（93
総トン）1 隻に任せていた。「しげさ」はピストン航海したが、定員
152 名では夏の最盛期になると観光客の連絡輸送が賄いきれず、島前
－島後間に客船の投入を迫られた。

　その頃「春洋丸」が売船に出ていたので購入し、1972 年（昭和 47 年）
3 月 6 日から別府港を基地として島前－島後間を「しげさ」と対流運
航した。

　春洋丸コースは次の通り。

　（春秋）別府－菱浦－西郷－別府　（盛夏）西郷－別府－西郷－別府
－西郷　（冬期）休航

船　名 (船船番号)	総屯数	船質	用　途	客室定員 及 収容台数	馬力 速力	進水年月	購入年月 購入先	売却年月
春洋丸 (第90991号)	297.37屯	鋼製	純客船	268名 ／台 11個	850.0ps 11節	昭和37年2月21日 渡止鉄道船所	昭和47年1月31日 石崎汽船(株)	昭和51年3月10日

（石崎汽船㈱と船舶整備公団の共有船）

（航路と就航年月日）　　島前〜島後間連絡　　昭和47年3月6日

隠岐汽船パンフレットより　　　　　　　　　「百年の航跡」より

　別府港を基地に島前－島後間の連絡船として4年間運航にあたって
いた。隠岐汽船は「フェリーおき」(2,115総トン)の建造で、「春洋丸」
を外しても島内間の乗船輸送は賄える見通しが立った。たまたま町村
組合の「しげさ」が法定年数に達するので代替船として、この「春洋丸」
を1976年(昭和51年)3月10日同組合に売却し、再び船主交代でファ
ンネルマークを替えて、同じ航路の連絡船として就航した。
　その後8年間運航したが、隠岐汽船が建造した高速客船マリンスター
(286総トン)の就航を機に、1984年(昭和59年)2月売却され、隠
岐島町村組合は島内連絡船事業を廃止した。日本船舶明細書1986年版
より削除されている。

うずしおの生涯

　「うずしお」は広島県で最初の公団共有船で、「しろがね」の姉妹船
として設計され、1960年(昭和35年)7月、6,000万円で建造される。レー
ダー、25人乗り膨張式ゴムボート13個備え、通風式暖冷房装置を備
えていた。当初は「しろがね」がドック入りしている時に芸予航路に
就航していたが、1960年(昭和35年)9月19日からは尾道－今治航

路に就航する。翌年1961年（昭和36年）には同型船「はやしお」(264.28
総トン)、同年12月には「おやしお」（284.49総トン）、この同型3姉
妹客船は、ともに波止浜造船建造である。翌1962年（昭和37年）8
月からは「こがね」と次々に新鋭船が同航路に就航する。

船 名	う ず し お		
総噸数	269.26噸	船質	鋼船
航行区域	沿 海 区 域	長 さ	37.80M
		巾	7.00M
速 力	航海速力 13.5ノット	深 さ	3.20M
	最高速力 14.5ノット	主機	ディーゼル750馬力
設 備	冷暖房、レーダー、テレビ、売店、船舶公衆電話 (t) 0375		

旅客定員		旅客室配置		航海時間		
等数	室番号	位　置		1.5分間	1.5～6時間	6～24時間
特等	1	遊歩甲板 前左舷		7	7	6
	小　計			7人	7人	6人
一等	2	遊歩甲板 中央		69	46	37
	3	上甲板 前		96	64	52
	小　計			165人	110人	89人
二等	4	上甲板 後		83	55	45
	5	上甲板下 前		149	110	94
	6	上甲板下 後		62	46	39
	7	遊歩甲板 後		100		
	小　計			394人	211人	178人
	合　計			566人	328人	273人

〔注〕上記室番号は、次頁船図に記入せる旅客室番号を示す。

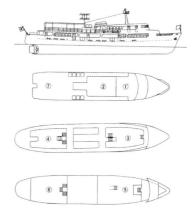

瀬戸内海汽船船図より

うずしお　瀬戸内海汽船パンフレットより

うずしお　瀬戸田沖　1976年8月撮影

　次頁のダイヤがオール客船（上記の客船の他、第16東予丸も配船）
で、筆者としては一番興味深い時代であった。その後は、水中翼船が

昭和38年4月1日当時の時刻表と料金表

便	下り			便	上り		
	尾道	瀬戸田	今治		今治	瀬戸田	尾道
1	1：25発	➡	3：45着	1	6：10発	7：35発	8：35着
2	5：25	6：15発	7：50	2	8：15	9：35	10：30
3	8：10	8：55	10：20	3	9：20	10：45	11：45
4	10：00	10：50	12：25	4	11：10	12：25	13：20
5	11：15	12：00	13：30	5	12：40	14：05	15：05
6	12：45	13：35	15：10	6	13：50	15：10	16：05
7	14：50	15：40	17：15	7	15：30	16：55	17：55
8	16：40	17：30	19：05	8	17：40	19：05	20：05
9	19：20	19：10	20：45	9	19：25	20：50	21：05
10	21：00	21：50	23：25	10	21：40	23：05	0：05

	尾道 ― 今治	尾道 ― 瀬戸田	瀬戸田 ― 今治
特1等	1,040 円	410 円	640 円
1等	700	280	430
2等	350	140	215

主流になる時代がすぐにやってくる。

　本船「うずしお」は、一度も他航路にはいかなかったと思われる。ただ1965年（昭和40年）10月愛媛県の中学校の修学旅行で関西方面に行った記録が残っている。当然のことながら定期船も貸切船として動いていたのである。1977年（昭和52年）4月1日には、「うずしお」「はやしお」に替わって高速船「さざなみ」（125.75総トン）と「あさなみ」（127.06総トン）が投入される。

高速船〈あさなみ〉

瀬戸内海汽船のあさなみのパンフレット

本船は貸し切り観光船になる。250トン型同型客船3隻「うずしお」「はやしお」「おやしお」は、水中翼船そして高速船に変わっていく時代の中で最後の内航客船だった。

広島港に係船中の両船 左はやしお 右うずしお

おやしお 1973年11月18日 瀬戸田
佐藤圭一氏撮影

はやしお 1974年12月 瀬戸田港

メラネシアン・エクスプローラー
西口公章氏提供

「おやしお」は1977年（昭和52年）11月坊勢汽船へ、「第十一ぼうぜ丸」と改名、「はやしお」は同年12月ソロモン諸島へ、「うずしお」は翌1978年（昭和53年）9月パプアニューギニアのピコジノピングにそれぞれ売却される。「うずしお」はセピック川の観光船「メラネシアン・エクスプローラー」と改名される。

ぷりんすの生涯

1963年（昭和38年）9月特定船舶整備公団の共有船として誕生する。『55年史』によると、「ツバメの尾のようなスマートな屋根の下に

幅広く展望デッキを設けた独創的な船型」と表現される今までにない船容で、かつ最新機器を備えた船であった。例えば、船橋で主機関の前後進、増減速をコントロールできるシステムや、船尾には内航船で初めてのテレビカメラが備えられていた。船舶整備公団のパンフレットには次のように書かれている。

1　小形円形ブリッジとし、ワンマンコントロールを採用するとともに、両舷に離着岸用テレビカメラおよび可変ピッチプロペラを装備して、操船性能の向上をはかっている。

2　船尾遊歩甲板にエンジンケーシリングを兼ねた軽合金製翼型オーニングを設置した特徴ある構造となっている。

両方とも瀬戸内海汽船パンフレットより

オレンジ色の部分がブリッジで右下写真がブリッジ内を撮ったものだが、非常に狭い印象である。

両方とも船舶整備公団のパンフレット

船名	ぷりんす			
総屯数	176.87屯	昭買備船		
航行区域	沿海区域	長さ	29.99米	
		巾	6.20米	
速力	航海速力 11.5節	深さ	2.80米	
	最高速力 12.0節	主機	ディーゼル500馬力1基	
艤装	テレビ設備、ビッフェ、冷暖房			

旅客定員	等級	室番号 位置	航海時間		
			1.5時間以内	1.5～6時間	6～24時間
一等	1	遊歩甲板 センタ	14	14	14
	2	遊歩甲板 左	25	16	13
	3	遊歩甲板 右	28	18	15
小 計			67人	48人	42人
二等	4	上甲板前	63	42	34
	5	上甲板下前	134	100	84
小 計			197人	142人	118人
合 計			264人	190人	160人

〔註〕上記室番号は、次頁船図に記入せる旅客室番号を示す。

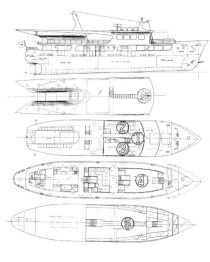

瀬戸内海汽船船図より

　「ぷりんす」は翌年5月に新造される姉妹船「えんぜる」（188.59総トン）とともに、一般公募から選ばれた（407点の応募数）船名で初めて英語名が付けられる。「ぷりんす」は波止浜造船で、「えんぜる」は神田造船で建造される。

えんぜる　今治港にて　佐藤圭一氏撮影

瀬戸内海汽船パンフレットより

　同年9月22日から今治－宇品航路特急便（のちに観光便）として就航。昭和38年第36回営業報告書によると、「これを機会に同航路は従来のローカル航路から瀬戸内海を観る代表観光コースとして生まれ変わる」と。翌1964年（昭和39年）5月に竣工した「えんぜる」によっ

てその方針は加速する。2年前から行って来た愛媛汽船（株）との調整が終わり、同年9月18日大幅なダイヤ改正を行い、急行便「あぶと」（59.95総トン）と「うるめ」（61.60総トン）が就航する。

あぶと　瀬戸内海汽船パンフレットより

　同年12月1日から独占航路となり、特急便2隻で3往復、急行便2隻で2往復、普通便「田島丸」1隻で1往復の計6往復とする。翌1965年（昭和40年）8月20日からは特急便3往復を観光便と改称、急行便2往復とともに1日5往復とする。尾道－今治の連絡便と水中翼船の連携によりVコースの宣伝を強化し、新観光ルートの開発を行った。Vコースというのは、今治を基点に宇品と尾道をそれぞれ結ぶとVの字になり、これを観光コースとした。しかし一般的には広がらなかったようである。

　1968年（昭和43年）4月、急行便廃止を申請をし、6月に許可が出る。5往復が本船と「えんぜる」による3往復に減便。寄港地もそれまでの14港から7港と半減する。

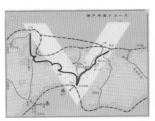

いずれも瀬戸内海汽船パンフレットより

シージャック事件

　1970年（昭和45年）5月12日午後5時過ぎ広島港で停船していた「ぷりんす」を一躍有名にする事件が起こる。ライフルを持った男にシージャックされたのだ。乗客33名、乗員11名が人質になったまま松山港向けて出港、午後9時45分松山観光桟橋に着く。3時間後の13日午前零時50分、乗客ら37人を下船させて広島に向けて出港する。再び広島港に戻り、停泊していた同日午前9時51分、警察官による狙撃により犯人射殺という結末で終わったショッキングな事件であった。

　2か月前によど号ハイジャック事件が起こったばかりだったのでよけいに世間の注目を浴びた。またテレビ史上初めて射殺される瞬間が生中継される前代未聞の事件であった。射殺、報道の在り方などの是非について大いに世論が沸き起こった。福田洋著の小説『凶弾　瀬戸内シージャック』はこの事件を扱ったもので、非常に詳しく顛末が描かれている。小説なので仮名になっているが事実に基づいている。事件後、会社の幹部が船長によくやったと声をかけると、船長は「私は、乗客のために自分の命を捨てるつもりでやりました」と淡々と答えたという。

ぷりんすの航路図。入出港の時間が若干異なる。
『凶弾　瀬戸内シージャック』より

しらさぎ　芸備商船パンフレットより

　ちなみに警察の幹部が乗り込んだ追跡指揮船には、ちょうど停泊中

だった瀬戸内海汽船の系列会社芸備商船「しらさぎ」（192.6総トン）が借り上げられた。

　この事件が起きる前年1969年（昭和44年）11月8日午後4時過ぎ、与論島に入港直前の阪神沖縄航路の関西汽船「浮島丸」（104頁写真あり）で、ヘルメット覆面姿のゲバ棒を持った学生がブリッジに乱入。渡航制限撤廃など叫んでシージャックし、9日午前9時45分那覇港に接岸直後、火炎瓶などを機動隊に投げつけ強行上陸（不法入域）を図る事件が起こった。全員逮捕され、幸い人的被害も船自身もそれほどの被害はなかった。

　1974年（昭和49年）7月20日からは本船と「えんぜる」に替えて、両船よりは小さい「あまつかぜ」（94.27総トン）を運航して合理化を図ったが利用客の減少には歯止めがかからず、12月1日から運休になった。昭和40年の21万人をピークに年々利用客が減少、昭和48年には4万4,000人まで落ち込んでいた。

あまつかぜ　瀬戸内海汽船パンフレットより

売船を待つえんぜる　長崎港　井筒造船前
西口公章氏撮影

　姉妹船だった「えんぜる」は1974年（昭和49年）の8月、長崎の株式会社ハヤシ・マリンカンパニーに売却されている。その後、海外に売船された。翌1975年（昭和

ぷりんすの売却先での姿　1976年12月
マニラにて　池田良穂氏撮影

50 年）11 月、フィリピンのジョージピーターソン社に売却される。船名を「プリシラ」（Priscilla）と改名。マニラ湾のクルーズ船に使用されていたという。

双胴船シーパレスに始まる STS ライン

「双胴船は箱根芦ノ湖の遊覧船としてあるだけで、海上を走るのは世界で初めて」と『55 年史』に書かれているように、芦ノ湖の「くらかけ丸」2 隻に次ぐ双胴船である。日本鋼管清水造船所の 216 番船として建造され、『造船 42 年の歩み』（日本鋼管清水製作所造船部　昭和 61 年)には「当所の技術が生み出した豪華客船シーパレス」と称されている。

日本鋼管清水造船所が造った双胴船一覧表
トン数は小数低下四捨五入

船名	総トン	船主	引渡日
くらかけ丸	176	伊豆箱根鉄道	36.9.3
第二くらかけ丸	232	〃	38.3.19
シーパレス	435	瀬戸内海汽船	39.3.9
第三くらかけ丸	235	伊豆箱根鉄道	39.3.6
あさあけ	494	日本カーフェリー	40.3.8
あかつき	〃	〃	40.3.13
あさなぎ	〃	〃	40.3.18
ありあけ	498	〃	41.6.29
キングペア	471	瀬戸内海汽船	41.3.19
クインペア	〃	〃	〃
六甲丸	2,698	関西汽船	44.10.9
こんぴら	2,693	宇高国道 F	44.11.17
はまゆう	333	名鉄海上観光船	44.4.25
生駒丸	2,697	関西汽船	45.9.11
りつりん	2,801	宇高国道 F	45.10.29
はごろも	110	静岡観光汽船	47.3.18

本船の要目は次のとおりである。
　進水　1964 年（昭和 39 年）1 1 月 20 日
　引き渡し　同年 3 月 9 日
　竣工　同年 3 月 19 日
　総トン数　435.03 トン　1969 年改造し　649.51 総トン

長さ 41.5 m　幅 12.8 m　深さ 3.9 m

ディーゼル 2 基 2 軸　1,300 馬力　最高速力 15.015 ノット　航海速力 14 ノット

旅客室明細

船名	シーパレス		
総屯数	650屯	船質	鋼船
航行区域	平水区域	長さ	38.62M
		巾	12.80M
速力	航海速力　14.0節	深さ	3.90M
	最高速力　15.0節	主機	ディーゼル 650馬力×2
設備	冷暖房,展望ビュッフェ,遊戯施設,船舶公衆電話 (51)-3812		
旅客定員	旅客室配置		航海時間
	等級	位置	1.5～6時間
	特別室 ④ パノラマ甲板		17
	⑤ 遊歩甲板 右		4
	⑥ 遊歩甲板 左		6
	遊歩甲板 左		6
	二等 ① パノラマ甲板		34
	⑦ 船橋甲板 左		39
	⑧ 船橋甲板 右		39
	⑨ 船橋甲板中央		220
	③ 遊歩甲板		32
	合計		397人

注・右記記号番号は、次真船図の旅客番号をしめします。

瀬戸内海汽船株式会社

瀬戸内海汽船株式会社

STS ライン時の配置図　瀬戸内海汽船船図より

　船舶整備公団のパンフレットには本船の特徴が次のように書かれている。

　1　初の海洋型双胴船であり、その後の海洋型のはしりとなった

　2　乗用車 30 台（原文ママ）を搭載するために、船側にランプ扉を設置している

　3　ブリッジ上に FRP（強化プラスチック）製円型展望室を設置している

　就航する前の 3 月 20 日広島港にて試乗航海をした見学者たちは、その豪華さに目を見張ったという。3 月 25 日、芸予航路に就航し、広島〜松山間を 2 時間 40 分で結んでいた。建造費 1 億 2,400 万円で、1963 年度特定船舶整備公団共有船である。船内は冷暖房完備、浴室、喫茶室、

円型展望室、船舶公衆電話があり、乗用車のみ 20 台を搭載できた。当時は接岸設備がなく、サイドから乗用車を乗降させる構造になっていた。（芸予航路の時間表は 110 頁を参考）

「55 年史」より

「海に生きる」より

　1972 年（昭和 47 年）3 月 15 日、本船は STS ラインと称して宮島〜鞆間のクルーズ船に転向する。前頁の客室配置図は、STS に改造された後のものだと思われる。改造の前後は分からないが、B デッキトイレのある位置に特別室があった時期もある。定期船の芸予航路時代は、②はロンジ 1 等、B デッキ WC と④が 1 等室、⑤と⑥の特別室が特等室、C デッキ客室⑦と⑧が 1 等室、⑨が 2 等室、D デッキ遊戯施設とコインロッカーが車輌スペースであった。

　瀬戸内海汽船会長だった仁田一也氏の「文明の海－新瀬戸内海時代をひらく」によると、25 年前からクルーズ事業を目指し模索を続けてきたと書かれている。この本の発行年が 1989 年だから 1964 年ごろということになる。

　この頃から温めていた構想が本船の周遊で実現したことで、これが瀬戸内海汽船のクルーズ事業の幕開けとなったのだろう。おそらく本船によるクルーズが日本の内航船クルーズの嚆矢ではないだろうか。それは、架橋のため主要定期航路がなくなることを前提にした構想であり、就航したこの日 3 月 15 日は山陽新幹線岡山開通の日であった。運航期間は毎年 3 月 16 日から 11 月 30 日までとした。

時刻表：

偶数日発	宮島	広島	呉	大三島	大久野島	瀬戸田	尾道	鞆
	8：00	8：50	9：35	12：00着 13：50発	14：20	14：50着 16：20発	17：10	18：30着

奇数日発	鞆	尾道	瀬戸田	大久野島	大三島	呉	広島	宮島
	8：30	9：50	10：45着 12：10発	12：40	13：10着 14：50発	17：10	18：00	18：50着

のちに鞆が外され尾道発着になっている。

料金表（一部）：

寄港地	鞆	尾道	瀬戸田	大久野島
広島・宮島発	3,850 円	3,300 円	2,950 円	2,700 円

他にも細かい区間乗船の料金が設定されている。

当時の瀬戸内海汽船のパンフレットやチラシを載せる。イラストは良平さんのである。

下2つは、シーパレス船内のパンフレットである。マジックミラーの階段、今では見られない設備である。

本船はこのSTSラインから退き、1976年（昭和51年）3月16日からPT－50型水中翼船「わかしお」（135.73総トン）に引

き継がれる。「世界の艦船」1976 年 6 月号では「瀬戸内海のクルーズ船が、ほどんどない現在、非常にユニークな企画で船キチにも人気のあった航路であるが、水中翼船になっては、のんびりした船旅は味わえそうもなく、残念なことである」と評されている。本船は一日かけて宮島・広島～尾道・鞆コースを回っていたが、水中翼船になって宮島・広島～瀬戸田の半日コースになり、クルーズ中は大三島を見学するのみとなる。他の船を使って、瀬戸田は見学できる時間帯になっている。運航期間は「シーパレス」とほぼ同様の 3 月 1 日～ 11 月 30 日である。その時刻表と料金表をあげておく。

瀬戸内海汽船パンフレットより

時刻表：

宮島	広島	呉湾	音戸の瀬戸	御手洗瀬戸	大三島（宮浦）	瀬戸田
8：00	9：00～9：10	船上遊覧	微速運航船上遊覧	微速運航船上遊覧	10：30～12：45	13：05
瀬戸田	大三島（宮浦）	御手洗瀬戸	音戸の瀬戸	呉湾	広島	宮島
13：40	14：00～15：35	微速運航船上遊覧	微速運航船上遊覧	船上遊覧	16：55	17：15

料金表：

	大三島（宮浦）	瀬戸田
広島・宮島	3,700 円	4,500 円

　1979 年（昭和 54 年）12 月本船「シーパレス」はフィリピン・ジョージピーターソン社に売却される。（1980 年フィリピンのナサガナ・シッピング社に売却と書かれた資料もある）船名はそのままであったとい

う。ちなみに STS ライン「わかしお」は同年3月より改造された水中翼船「おおとり2号」「おおとり5号」に代替わりしていく。今年9月、STS ラインの流れをくむ瀬戸内しまたびラインの「SEASPICA」（シースピカが就航する）

こがねの 12 年間

　1962年（昭和37年）2月起工、6月進水、8月から尾道〜今治航路に就航する。船舶整備公団船との共有船である。高松市の四国ドック建造で、主機関はディーゼル750馬力である。その頃、この航路は新造船ラッシュで、「うずしお」「はやしお」「おやしお」に続き、この「こがね」が就航する。

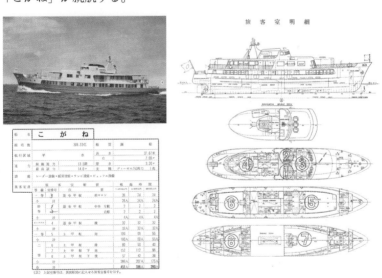

瀬戸内海汽船船図より

　特等や1等サロン、ビュッフェも備えた「しろがね」にも劣らない本格的な客船であった。昭和38年4月の尾道−瀬戸田−今治線の時刻

表（121頁参照）を見てみると、1日上下あわせて10便もあったのだ。

「こがね」は本航路だけで移ることはなかったが、1965年（昭和40年）10月には前述したように「しろがね」と交代する。実働期間、実に3年足らずであった。この月から水中翼船が導入され、従来型の客船は活躍の場を失っていく。

しかし、「こがね」は輝かしい場面もあった。1970年（昭和45年）5月10日、西ドイツのハイネマン大統領が万博のため来日した際に、宇品から宮島、さらに岩国の米軍海兵隊航空基

1974年11月 長崎港にて　森田信之氏撮影

地まで送るという栄誉に浴したのである。その前には、かなり室内の改装も行われたという。1974年（昭和49年）8月、長崎のハヤシ・マリンカンパニーに売却される。同年11月「SRA MANUELA」と名前を変え、フィリピンに海外売船される。

［参考文献］
　柳原良平　船の本　柳原良平著　至誠堂　昭和43年
　船の雑誌5　柳原良平編集　海洋協会　1974年8月
　石崎汽船史　海に生きる　平成7年9月
　瀬戸内海汽船（株）55年史　2001年12月
　百年の航跡　隠岐汽船　平成7年10月
　サノヤス・ヒシノ明昌100年史　平成23年10月
　SANOYAS80年の歩み　平成2年9月
　造船42年の歩み　日本鋼管清水製作所造船部　昭和61年6月
　関西汽船25年の歩み　昭和43年12月
　旅客船資料集第2集　日本中小型造船工業会　昭和43年1月
　日本の旅客船　日本内航客船資料編纂会　昭和51年10月
　日本客船総覧　森田裕一著　1989年2月
　文明の海　新・瀬戸内海時代をひらく　仁田一也著　コミュニティ・ブックス　1989年7月
　凶弾　瀬戸内シージャック　福田洋著　講談社文庫　昭和57年6月
　日本船舶明細書各号　日本海運集会所
　雑誌「世界の艦船」各号
　雑誌「船の科学」各号
　雑誌「船舶」各号

遅咲きの客船 須磨丸

川崎汽船の「K」のファンネルマークは力強い貨物船の印象で、客船とはあまり結びつかない。しかし過去には、戦前に朝鮮航路の3隻、戦後は「青葉丸」「須磨丸」そしてクルーズ客船「ソング・オブ・フラワー」（8,282総トン）の3隻を運航していた。「須磨丸」、日本郵船の「舞子丸」（48頁参照）、南洋海運の「明石丸」（前書56頁、本書55,56頁参照）と「淡路丸」、いずれも兵庫県の風光明媚な地名から取られた名前で、4隻とも名船であった。それぞれ元の運航会社は違ったが、4隻とも長短はあるが関西汽船で活躍した。その中の1隻、「須磨丸」が本稿の主人公である。

　良平さんにとって「須磨丸」は、本稿に出てくる他船と比べてなじみは浅かったようであるが、『柳原良平　第3船の本』の「Kラインの50年」の章で次のように書いている。

　　戦後は日本郵船・大阪商船と同じように内海航路の小型客船から始まる。昭和二十三年三月に「青葉丸」（599トン）、八月に「須磨丸」（1207トン）がそれぞれ竣工して、「青葉丸」は関門－今治、「須磨丸」は阪神－高松・多度津航路につく。ボクの見た「朝博丸」も当時、阪神－白浜・勝浦航路についていた。

須磨丸　1207トン

青葉丸　599トン

「柳原良平　第3船の本」より

川崎汽船時代

　戦後、航路再開は外航海運会社も内航船運航から始まった。川崎汽船も、日本郵船や南洋海運（のち東京船舶）のように内航客船を2隻持つことになる。1隻は「青葉丸」で、この船は戦前からの続行船で新造船ではない。川崎重工泉州工場（現大阪府泉南郡岬町）で1945年（昭和20年）5月に起工して進水を待たずに工事中止になっていた自社向け曳船「深日丸」（184総トン）を内航航路の貨客船「青葉丸」に改造する。泉州工場は1942年（昭和17年）6月に潜水艦建造のために造られた工場である。この工場の目標は、年間大型潜水艦建造3隻、潜水艦の大修理（海軍は、修理の種類を大修理、特定修理、小修理と分けていた）2隻、商船建造1隻その他となっていた。戦後、上記2隻の貨客船をはじめ貨物船3隻など建造したが、1949年（昭和24年）6月30日をもって関係者の努力もむなしく工場閉鎖となる。南海電車、深日町らとの共同出資により工場内の船溜まりを改修して深日港を造り、関西汽船の深日〜洲本間の航路を開設したことは救いであった。以下は「青葉丸」の就航を伝える新聞記事である。

　青葉丸－晴れ姿を神戸へ（昭和23年3月）
　「川崎汽船が内海航路に送る戦後新造船の第一船青葉丸（600トン）は川崎重工泉州工場で8日朝引渡しをすませ同日午後4時過ぎ神戸回航、中突堤A岸壁に全長52mのスマートな船体を横たえた。同船は乗客定員特等56名、並等137名、載貨重量266トン、速力10.5ノットの中型貨客船で神戸での顔見世をすませて10日出港、12日ころから、これまで朝博丸（1,287トン）（筆者注　戦前は朝鮮航路に就航）が就航していた下関－高浜－今治航路にデビューする。あとを譲った朝博丸は入れ替えに神戸回航、川崎ドックで修理新装されて4月上旬から新航路阪神－田辺－勝浦線にお目見えする」

「青葉丸」は、1948年（昭和23年）3月8日に川崎汽船に引き渡され、4日後の12日、「朝博丸」と交替して下関－高浜・今治航路に就航する。しかし翌年の6月21日のデラ台風により周防灘姫島西方にて沈没し、航路も廃止になる。

青葉丸

　同じ年の1948年（昭和23年）8月18日、同工場で「須磨丸」が竣工する。阪神－高松・多度津航路を開設する。「須磨丸」就航を伝える新聞記事である。

朝博丸
両方とも「川崎汽船50年史船舶写真」より

　須磨丸　就航　（昭和23年8月）

　「川崎重工泉州工場で建造を急いでいた川崎汽船の戦後新造第二船、須磨丸（1,207トン）はこのほど完成、18日正午からの受渡式をすませてから同工場を出帆、午後5時ごろ神戸に入港、中突堤A岸壁に横づけした。同船は速力14.9ノット、定員1等32名、2等100名、特3等98名、3等418名、1等は洋室（2名）4室、和室（3名）8室、豪華なサルーン、船名にちなむ須磨浦の美しい壁画、特殊蛍光照明などをそなえ、船体は動揺を最小に喰止めるよう特別の設計が施され、3等室には機械通風装置を設置、無線設備も完備している。」

進水前の須磨丸「川
崎重工社史」より

須磨丸 「川崎汽船 50 年史船舶写真」より

「須磨丸」の要目は次のとおりである。

進水 1948 年（昭和 23 年）5 月 10 日 竣工 同年 8 月 17 日

総トン数 1,207 トン 全長 66.4 m 幅 10.3 m 深さ 5.0 m

最高速力 14.141 ノット 航海速力 13.5 ノット 船員数士官 12 名 属員 39
名 計 51 名

旅客定員 1 等 32 名 2 等 92 名 3 等 500 名 計 624 名

　本船は 8 月 20 日レセプションを行い 23 日、南洋海運（のちの東京
船舶）「淡路丸」（1,117 総トン 後に東海汽船に売却。のちに「藤丸」
と改名 152 頁参照）とともに阪神−高松、坂出、多度津航路に就いた。
「淡路丸」は 1948 年（昭和 23 年）1 月 15 日に竣工し阪神−今治−高
浜航路に就航するが、関西汽船の反対で神戸港に係船されたままだっ
た。同年 5 月 21 日 9 時、神戸港中突堤に入港するも就航先はその時点
でも不明で、6 月 12 日神戸海運監理部の調停で神戸−坂出間に就航が
決まる。ところがこの相棒「淡路丸」は翌年の 1949 年 2 月（11 月と
いう資料もある）には東海汽船に売却される。このあと本船「須磨丸」
は関西汽船とタイアップして運航する。

　この頃の時刻表と料金表が残っている。残念ながら時期と出典は不
明である。関西汽船の同航路が 1 日 2 便制に復活するのは 1951 年（昭
和 26 年）3 月からなので、それ以降のものである。

港名	大阪→	神戸→	坂手→	高松→	坂出→	多度津
往航	9：00	10：40	（14：40）	16：00 着	→	18：00 着
	21：30	23：10	4：00 着	5：40 着	7：20 着	8：20 着
港名	大阪	←神戸	←坂手	←高松	←坂出	←多度津
復航	20：20 着	18：40 着	（14：40）	13：00	←	10：40
	6：30 着	5：00 着	24：00	22：30	20：50	19：50

（　）内の時刻は、日曜、祝日、その前日のみ寄港

就航船　単位はトン　定員　名

就航船	総屯数	1等	2等	3等	就航船	総屯数	1等	2等	3等
あけぼの丸	1,045	50	162	412	さくら丸	1,047	20	158	322
ひかり丸	1,030	50	212	367	須磨丸	1,207	40	190	447
あかね丸	1,045	50	162	422	太平丸	937	44	113	404

料金表：

大阪					
60	神戸				
320	320	坂手			
390	390	120	高松		
430	430	150	45	坂出	
440	440	170	70	25	多度津

上記は3等運賃　乙2等は3等の2倍　2等は3等の3倍　1等は3等の5倍

　上の表の就航船6隻を見てみると、本船を除く5隻はすべて関西汽船の1,000トン級客船である。関西汽船に傭船される前から川崎汽船の客船ではなく、あたかも"関西汽船の客船"として運航していたのではないかと想像している。

　多度津港桟橋は、香川県宇多津町にお住いの藤本敏男氏の調査によると次の赤字の太➡の地点である。その右には氏が撮影された現在の桟橋の様子が写っている。

1947年10月8日赤矢印の地点
（国土地理院ウエブサイトより加工）

1980年10月15日
大規模造成が一段落した頃

多度津桟橋　遠方の右隅の島はサヌキ広島
クレーン群は今治造船西多度津事業部

この辺りに浮桟橋があり、それが多度津港の客船桟橋（59頁にも写真あり）であった。現在は沖合にある高見島漁港の専用桟橋として使われている。

両方とも関西汽船絵葉書

　1953年（昭和28年）1月26日、川崎汽船は同航路を廃止し、4月に関西汽船が裸備船する。この年には、阿摂航路（徳島・小松島−阪神）に関西汽船の1,000トン級客船らと就航していた。

筆者記憶による現在ののりば跡
左手倉庫が小松島港駅跡か

小松島港の「須磨丸」

1954 年（昭和 29 年）4 月 7 日から「平和丸」（前書 57、58 頁参照）
とともに大阪−高知航路に就航する。それまで同航路には関西汽船が
裸傭船していた「淡路丸」が就航していたが、東海汽船に返船する。
本船が就航した直後の頃のことが、内田百閒著『第三阿房列車』に出
てくる。

　　夕方大阪港天保山桟橋から関西汽船須磨丸に乗り、五時に出港し
　た。千噸（トン）より少し大きい船で、船室の廊下の突き当りにサロンがあ
　る。…神戸港に寄港する。…大分波が高いらしい。船室に帰って寝
　てから、紀淡海峡と思われる辺りと、明け方近くの室戸岬では、大
　変なピッチングとローリングで、寝ていて何かにつかまらなければ
　ならない位だった。室戸岬の時は、あんまりひどいので、揺られな
　がら可笑しくなった。

　　船内で夜が明けて四日目になった。九時入港の筈なのが、定刻よ
　り一時間も早く着いたから…。

　同年 1954 年（昭和 29 年）7 月 22 日、本来海の記念日に実施予定だっ
た高知新聞主催の "学童土佐湾めぐり" を本船で実施する。約 1,200 名
の小学生を乗せ高知港を 10 時に出港、手結沖まで行き、正午過ぎに帰
港する。中には海が初めてという子もいてにぎやかだったという。

　同年 9 月 11 日、本船は最後の出帆をしてドック入りし、代わって再
び「淡路丸」が就航する。翌年 1955 年（昭和 30 年）4 月 10 日、「淡路丸」
は東海汽船に返船され、再び本船が就航する。「淡路丸」とは新造の頃
からの奇縁であり、両船とも長く活躍の場があった船である。同年 10
月 6 日、神戸の湊中学 3 年生約 500 人が本船を借り切って、小豆島、
四国の修学旅行に出発し 8 日に帰着している。

宇和島運輸時代

1957年（昭和32年）3月31日、川崎汽船は、新造船建造資金の一助として「須磨丸」を宇和島運輸に売却する。（前年の10月30日に契約は締結されていた）宇和島運輸は、宇和島－別府航路に本船を就航させる予定で準備を始める。

このあと、理解しがたいことが起こる。まず、4月30日付け愛媛新聞に右のような宇和島運輸の広告が載った。「船で別府へ！5月1日より須磨丸就航」。見れば、昼便と夜便がある。

愛媛新聞の広告より

	宇和島発	八幡浜発
昼便	9：30 →	12：30
夜便	20：30 →	23：00

翌日5月1日（水）の別府急行便の出帆広告には、昼便を「朝」、夜便を「晩」と言っていたのだろう、朝は「ゆうなぎ丸」、晩は「あかつき丸」となって時刻表が出ている。

	宇和島発	八幡浜発	別府着
朝	9：30 →	12：30	7：00
晩	20：30 →	23：00	6：00

しかし実際は「須磨丸」が就航したはずなので、新聞の出帆広告に「ゆうなぎ丸」を「須磨丸」と書き替えるのが間に合わず、従来通りになってしまったのが理由ではないだろうか。

そして翌日5月2日、新航路・呉―大分航路に配船された「ゆうなぎ丸」が呉から大分に向かっていた午前4時ごろ、大分県鶴崎市大野川河口で座礁事故を起こす。濃霧のため目的地近くの鶴崎沖で停泊中、

強風のため浅瀬に乗り上げたのだ。幸い乗客も全員無事で、船体も異常がなかった。この時、救助船として急行したのが「須磨丸」であった。実態としては、「須磨丸」が宇和島－別府航路に配船されたため「ゆうなぎ丸」は呉－大分航路にまわったのであり、ちょうど大分近くにいた須磨丸が救助に向かったのである。事故は、「ゆうなぎ丸」が新航路に慣れてなかったため起きたのではないだろうか。

このあとの出帆広告を見ると、5月3日、4日は「すま丸」（なぜかひらがなとなっている。救助船の際もひらがなだった）となり、5日は何も出てなく、6日は休刊日だったのだろうかなく、7日（火）からはなぜか「ゆうなぎ丸」に戻り、以降ずっと「ゆうなぎ丸」となっている。いったい「須磨丸」はどうなったのだろうか。そして6月1日から突然、「須磨丸」は再び関西汽船に貸船されている。

ところで、宇和島運輸が購入した船価は9,106万2,668円であった。この投資は、関西汽船に貸船するための投資とは思えない。上の新聞広告も初めから短期と分かっていれば名前を出さないだろうし、ファンネルマークを関西汽船備船時代のもの（141頁の写真）から宇和島運輸の「宇」に変えた絵葉書まで作っているのである。おそらく宇和島運輸は、社船として「須磨丸」活用を考えていたはずに違いない。社史にあたる『波濤100年』には「5月1日から月末まで当社宇別線に就いた…」と書かれているが、実際には1か月間ではなく数回の航海で終わったのではないだろうか。いったいなぜ、実質2か月の所有で運航は数回だけなのか、そして購入したのは備船に出すためだったのか、疑問が残る。

購入して1年後、「須磨丸」は東京の日海運輸を経由して南海汽船に売却されることになる。

南海汽船時代

　南海汽船は 1958 年（昭和 33 年）4 月、「須磨丸」を 1 億 2,000 万円で購入した。単純に考えても、宇和島運輸は結果的に 2,000 万円以上儲けたことになる。

　南海汽船は 1956 年（昭和 31 年）5 月 6 日、「南海丸」（495 トン）によって和歌山港〜小松島港まで（阿紀または紀阿航路）の航路を開設する。「南海

徳島新聞広告より

丸」発注時は南海観光汽船の社名であったが、同年 11 月 26 日より南海汽船と称するようになる。南海電車の和歌山港駅がつくられ、駅を降りてすぐの桟橋から小松島港行が出るという便利さを売りにしていた。

　現在は、次頁の写真のようになっていて、隣には和歌山港湾合同庁舎がある。なお現在の和歌山港駅は、元の駅から徒歩 5 分ぐらいのフェリー発着場近くに移転している。

1969 年頃ののりば
上の■が客船桟橋、下がフェリー乗り場である

現在の和歌山港桟橋　和歌山港湾事務所より田中海運（株）がタグボート基地として借用中。
写真のタグボートの位置に「須磨丸」は接岸していた。

南海汽船和歌山桟橋乗船口跡 　　　　　南海電車旧和歌山港駅跡
　　　　　　　　　　　　　　和歌山港駅から乗船口まで徒歩で70〜80mであった。
写真はいずれも 2020 年 4 月　島本雄一郎氏撮影

 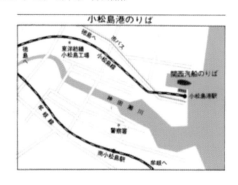

関西汽船の小松島港のりばで、南海汽船も同じ桟橋を使っていた。（141 頁写真参照）

　その「南海丸」が沈没する。事故の衝撃は大変なものであった。開
設して2年も経たない 1958 年（昭和 33 年）1 月 26 日午後 6 時 30 分、
淡路島汐崎南南東 3.6 キロ沖で「キケン、キケン」と絶叫して消息を

絶った。船乗客 141 人を含め 169 人を乗せた「南海丸」は沈没し、全員が犠牲になった。「南海丸」の吃水が浅かったとか、ビルジキールを補強したとか、復原性に問題があったとかの報道もなされた。最終的に沈没の原因は、潮流の関係での三角波によると結論付けられた。実はこの日は、この海域でも貨物船「第三正福丸」（903 トン）も遭難し 21 人が犠牲となったし、全国的に強風が吹き荒れ合計すると犠牲者が 300 名を超えている。

　事故の 2 日後の 1 月 28 日付け朝日新聞和歌山版は、「ほしかった千トン級　波の荒い紀阿航路」の見出しで、和歌山県議会が前年、「紀阿航路には 1,000 トン級を就航させるべき」という要望を会社に出していたことを報じている。事故から 2 か月後の 3 月 25 日から「南海丸」の僚船である同型船「わか丸」（506.74 総トン） 1 隻によって和歌山〜小松島港の航路が再開。そ

わか丸　「船の科学」より

徳島新聞広告より

して翌年、南海汽船は「須磨丸」を購入するのである。

　就航前、南海電車・南海汽船は新聞広告を出していた。「待望の大型船　須磨丸就航（1200 トン）」「6 月 5 日から小松島⇔なんば 3 便復活」。その下には時刻表も載っている。

	小松島発	和歌山港発	なんば着		なんば発	和歌山港発	小松島着
1便	8：00	10：50	12：03	1便	8：00	9：30	12：10
2便	14：10	17：00	18：12	2便	12：15	13：40	16：20
3便	17：30	20：25	21：39	3便	17：30	19：00	21：40

経営者にとっては喜びとともに、安堵の気持ちだったに違いない。「南海丸」の代替船としては、何としても 1,000 トンを超える必要があったのである。事故がきっかけではあったが、多少高額になったとしても購入を急いだのではないだろうか。

南海汽船時代の須磨丸客船配置図

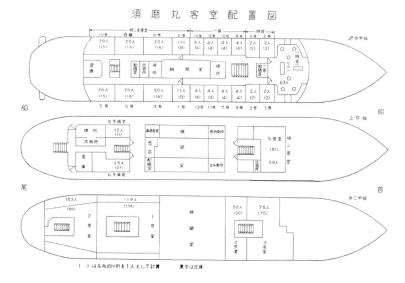

別の客室配置図には遊歩甲板の特等サロン（63 人）は、特等と 1 等乗客のサロンとなっている。また遊歩甲板の倉庫は特 2 婦人手洗い所に、上甲板の倉庫は 2 等婦人手洗い所になっている。一番下に「（　）は毛布四折を 1 人として計算　黒字は定員」と書かれていて、（　）の

南海汽船　須磨丸

白浜港の須磨丸　絵葉書

人数がいずれも少ない人数になっている。

　4か月後の1958年（昭和33年）10月19日午前11時40分、和歌山港から小松島港に向かっていた本船が小松島市和田島沖で、あろうことか自衛隊機が投下した発煙筒3発のうちの1発が甲板に落ちる事故が起きる。この対潜哨戒機には4人が乗り組み、操縦かん付近のインターフォンと発煙筒落下用ボタンを間違えて押し発煙筒が落下したというお粗末な事故であった。上甲板にいた乗客から1メートル離れた付近に落ち、白煙をふき始め騒然となったという。また「須磨丸」の前方3メートルの海上に落下したという記録もある。後者が正しいように思うのだが。

　1962年（昭和37年）10月14日、15日には、当時世界一のタンカー「日章丸」（74,868総トン　132,000重量トン）の船内見学会が神戸港であり、その招待客輸送船として「須磨丸」は関西汽船「山水丸」（822総トン）とともに活躍する。

　中沢良夫氏の『徳島側から見た南海四国ラインの50年』は、南海汽船の須磨丸をはじめ南海汽船の客船、フェリーや南海電鉄について非常に詳しく書かれている資料だが、その中で次のように述べている。

　　「須磨丸」は28隻組の中で関西汽船時代はチャーター船としての活躍が長く、このあと宇和島運輸に譲渡される等不遇をかこっていたが、あたかも若いときは啼かず飛ばずだった女優が、年齢を重ねて大女優として大輪の花を咲かす様に、建造後10年近く経た熟女船ではあるが、大型船ということで一躍南海四国ラインのクイーンとしての地位を確保することになる。

　これを読んだとき、言いえて妙の例えだと思った。

　1963年（昭和38年）3月「よしの丸」が就航し、この時点でクイーンの座は「よしの丸」に明け渡していた。

1966 年 10 月時点の時刻表を載せる。この当時は、フェリー 1 隻「きい丸」、客船 2 隻「よしの丸」「須磨丸」で運航していたと思われる。

和歌山港→	小松島港	小松島港	和歌山港
・3：30	6：00	・6：50	9：20
8：45	11：15	8：10	10：40
・10：10	12：40	11：45	14：15
11：45	14：15	・13：30	16：00
15：30	18：00	14：50	17：20
・16：50	19：20	18：30	21：00
19：00	21：30	・0：00	2：30

「・」印はフェリー運航　特等 1710 円　1 等 1040 円　特 2 等 780 円　2 等 450 円

1969 年ごろのパンフレットだと思うが、就航船の詳しい要目が載っている。

南海汽船の使用船舶主要目　　上段 3 隻は旅客船　下 2 段は自動車航送旅客船

船名	総屯数	全長	幅	深さ	最高速	航海速	特等	1 等	特 2	2 等	合計
須磨丸	1207.48	61.15	10.30	5.00	14.75	13.50	8	32	142	838	1,020
よしの丸	1241.18	59.68	10.80	6.80	16.20	13.50	8	80	100	828	1,016
わか丸	506.74	47.49	8.10	3.60	15.00	13.50	12	29	64	423	528
なると丸	1720.00	77.20	12.70	5.20	18.25	16.50	53	99	150	648	950
きい丸	1623.73	73.87	12.70	5.10	15.58	14.25	16	75	129	780	1,000

須磨丸

よしの丸

この航路の他にも、晩年だと思われるが深日～由良（淡路島）にも就航していた。

南海汽船では、「須磨丸」はフェリー化され、引退し、1973年（昭和48年）11月「GREEN　LEAVES」と名前を改めて、長崎からフィリピンに売却された。

1973年11月長崎港にて　船名は GREEN LEAVES となっている　西口公章氏撮影

須磨丸と縁のあった客船たちの要目と船歴

青葉丸　川崎汽船

1948年3月8日竣工　　599総トン　　川崎重工泉州工場建造

垂線間長48.1m　幅8.0m　深さ3.6m

三連成汽機2基　750馬力　最高速力11.4ノット　航海速力9.7ノット

旅客定員　1等12名　2等34名　3等54名　合計177名（365名）

今治～高浜～門司線

1949年6月21日　周防灘姫島と祝島の中間点を航行中台風のため沈没。135名の犠牲者を出す

朝博丸　ノルウェー、A　ハルフォルセン所有

1908年1月竣工　　1,289総トン

ベルゲンス・メカニッシュ・ファルクス（ノルウェー）（BERGEN ME_KANISH）

垂線間長70.2m　幅9.6m　深さ7.1m

三連成汽機1基　1,700馬力　最高速力14.5ノット　航海速力11ノット（10ノット）

旅客定員　1等16名　2等35名　3等160名

下関港の朝博丸　「関門海峡渡船史」より

ノルウェー、A　ハルフォルセン所有「ジョランダ・デイ・ジュルジア」
（Joland di Giergia）
1924年　嶋谷汽船へ売却　「高岡丸」と改名
1929年　北九州商船へ売却　「朝博丸」と改名
1934年　３月10日川崎汽船へ売却　下関〜麗水間に就航
　戦後　引揚船として運航　のち下関―高浜―今治航路、阪神〜白浜（田
　　　　辺）〜勝浦航路に就航
1950年　12月14日　低性能船舶買入法により政府に売却　解体

淡路丸　南洋海運

同型船　明石丸(93頁参照)
1948年１月15日（４月30日）竣工
　1,117総トン
東日本重工横浜造船所建造
全長66.2m　幅10.0m　深さ5.0m
ディーゼル　1,490馬力　最高
　速力13.6ノット　航海速力12.0
　ノット
旅客定員　１等11名　２等78名
　３等398名　乗組員53名
阪神〜今治・高浜間に就航　関西
　汽船の反対にあい係船
神戸〜坂出線に転配
1949年11月（２月15日）東海汽船
　に売却　東京〜大島〜下田航路
　に就航
その間阪神〜高知間に備船　本文
　参照
1950年7月　米軍に備船され沖縄
　〜釜山間の軍事輸送に従事

竣工時の淡路丸「新造船写真史」より

両方とも東海汽船時代の淡路丸　絵葉書

1956年12月　上海で開かれた日本商品見本市の視察団のチャーター船と
して長崎～上海間を運航
1966年9月　先代の藤丸引退により藤丸に改名　伊豆諸島、小笠原航路
1978年5月　引退　6月　久三商店(赤穂)に売却、解体

東海汽船　淡路丸

東海汽船　藤丸
高比良幾夫氏提供

南海丸　のち「なると丸」に改名　南海汽船(元南海観光汽船)

1956年4月30日竣工　　495総トン
日立造船桜島工場建造
全長51.0m　幅8.1m　深さ3.6m
ディーゼル1基1軸1,040馬力　最
　高速力15.1ノット　航海速力13.5
　ノット
旅客定員　特2等52名　2等62名
　3等356名　乗組員26名
和歌山～小松島航路
1958年1月26日　淡路島南方沖で時
　化のため沈没　乗客乗員167名犠
　牲
その後引き揚げられ「なると丸」と改
　名
1964年　宇和島運輸に売却され「わかくさ丸」と改名
1974年　フィリピンに売却され「ソーラー」(Solar)と改名

「船の科学」より

わかくさ丸長崎港 1974年6月25日
西口公章氏撮影

よしの丸　南海汽船

1963年3月5日竣工
日立造船桜島工場建造
要目　本文150頁参照
主機　2基2軸　2,080馬力
貨物艙の両側及び船底にアンリロー
　リングタンク装備　45頁参照
1974年　フィリピン　アボイティ
　ス・シッピングに売却　「ファン」
　(Juan)に改名
1981年7月　マニラ湾で火災事故
　全損

竣工時の絵葉書

後部に客室を増設時

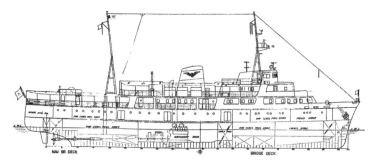

左・右　サロン　サロン入り口の前には小さなバーもあった

特等室　　「船の科学」より

わか丸　南海汽船

1957年4月20日竣工
日立造船向島工場建造
要目　本文150頁参照
主機　ディーゼル1基　1,040馬力
竣工時の定員　特別2等41名　普通
　2等64名　3等342名　乗組員28名
1973年6月4日　フィリピンのマニ
　ラ・インターオーシャンラインへ
売却

マニラ湾のクルーズに使用
1976年12月池田良穂氏撮影

きい丸　南海汽船

1964年12月25日竣工
日立造船桜島工場建造
要目　本文150頁参照
主機　2基2軸　3,320馬力　当時、
　我が国最大のフェリーと言われた
1986年　解体

きい丸　南海汽船絵葉書

　南海フェリーが徳島市沖洲に移転して初めて小松島港に行ってみた。20年ぶりであるが、何となく道順や周囲の風景は覚えていた。
　フェリーや客船が頻繁に着き四国の東の玄関口と言われたかつての賑わいはなかった。コロナ禍で平日ということもあるだろうが、みなと交流センターにも活気は感じられなかった。祭りも中止されクルーズも当分の間盛況にならないだろうから、交流センター隣の立派な野外ステージも活用されることがないだろう。航路廃止の現実を目の当たりにした気がした。

　賑やかな頃の小松島港　左（四国整備局小松島港湾・空港整備事務所提供）「きい丸」が満艦飾を揚げ、行き交う人々の服装、テントも見える。藤本敏男氏の見解によると、車の型式からきい丸就航日よりあとの写真で、「なると丸」就航が 1969 年 12 月 10 日なので、その日の撮影と推測した。　　　　　　　　　　　　右　雑誌「ラメール」1997 年 7・8 号より

［参考文献］
　柳原良平第3船の本　1972 年
　川崎汽船 50 年史　昭和 44 年 8月
　川崎汽船 50 年史船舶写真　昭和 44 年 11 月
　川崎重工社史　昭和 34 年 12 月
　船からみた第2次世界大戦から半世紀の神戸港　花谷欣二郎、村井正編集　2013 年 12 月
　関西汽船 25 年の歩み　昭和 43 年 12 月
　関西汽船の半世紀　関西汽船海上共済会　1994 年7月
　波濤 100 年　宇和島運輸小史　1986 年
　新造船写真史　三菱重工業株式会社　横浜造船所　　昭和 56 年 7 月
　小型客船　28 隻組　日本内航客船資料編纂会　昭和 53 年 10 月
　日本の客船2　1946 － 1993　野間恒、山田廸生共編　海人社　1993 年 10 月
　徳島側から見た南海四国ラインの 50 年　中沢良夫著
　阿波の交通　下　徳島市立図書館　平成3年
　徳島県百科事典　徳島新聞社　昭和 56 年 1 月
　第三阿房列車　内田百閒著　福武文庫　1992 年 1 月
　関門海峡渡船史　沢忠宏著　梓書院　2004 年 10 月
　雑誌「世界の艦船」各号　海人社
　雑誌「船の科学」各号　船舶技術協会

良平さんの乗った ラーリン
－4姉妹の顛末記－

1960 年代外国客船に乗る人は、ごく稀であった。良平さんはアメリカ客船「ラーリン」に乗っている。それも初の海外旅行で。またこの旅行の日程がすごい。

　コペンハーゲンを振り出しに、アムステルダム、ベルリン、ローマ、チューリッヒ、ベニス、ロンドン、パリ、マドリード、アメリカにわたり、ニューヨーク、南米、中米、ロサンゼルス、そしてサンフランシスコから初めての外航客船、米マトソン・ラインの「ラーリン」乗船である。1961 年（昭和 36 年）7 月 23 日、サンフランシスコを発って 28 日にホノルルに着く 5 日間の航海であった。

「柳原良平船の本」より

　ところで、マトソン・ラインの船名は、書いている本人も途中こんがらがってくるほどややこしく、次頁の表にまとめてみた。表は改名した年を追っていて必ずしも売却年とは一致していない。この 4 船は、互いに何らかの関係を持っている。（「ラーリン」以外の 3 船は後述）

　良平さんはその著書『「客船史」を散歩する』で、ラーリンの感想を書いている。

　　いろいろな客船に乗って船旅をすることになるが、次第に船旅をさめた見方で見るようになっているので、純粋に興奮できたのはラーリンかもしれない。食事だっておいしいと思った。（中略）

なにしろこの船会社（筆者注　マトソン・ライン）よほどラーリ
ンだのモンテレーだのの船名に愛着があるらしく、襲名・改名がは
げしい。結局ラーリン（筆者注　本稿主人公の３代目）が1963年チャ
ンドリスラインに売られてマトソニアから三たび名がかわってラー
リン（筆者注　４代目　元モンテレイ）になる。どうもラーリンが
一番お好きな名前のようである。（中略）新旧ラーリンが引退した後
も、ポリネシア航路として活躍していたモンテレーとマリポサは、
一九五三年建造の元アメリカの貨物船フリー・ステーツ・マリナー
とパイン・ツリー・ステーツを客船に改造したしたもので、総トン
数一四, 八〇〇トン。その後一九七一年パシフィック・ファー・イー
スト・ラインに売却されて「M」のファンネルマークが「ゴールデン・
ベア」のマークに変わって現在に至っている。同船たちは夏場はア
ラスカに向かい、時折り日本にもやって来ていた。

マトソン時代の船名		建造年	改名と移籍
マロロ		1927	1937 年「マトソニア」 ➡ 1949 年ホーム・ラインズ「アトランティック」 ➡ 1954 年「クイーン・フレデリカ」と改名 ➡ 1965 年チャンドリス・ライン ➡ 1978 年解体中火災
姉妹船	マリポサ	1931	➡ 1954 年ホーム・ラインズ「ホメリック」 ➡ 1974 年台湾で解体
	モンテレイ	1932	1956 年「マトソニア」 ➡ 1963 年④「ラーリン」 ➡ 1970 年チャンドリス・ライン「ブリタニス」のち宿泊船 ➡ 1998 年解体
	③ラーリン	1933	➡ 1963 年チャンドリス・ライン「エリニス」 ➡ 1987 年解体

　③は３代目を表し、本稿の主人公である。④は４代目を示す。
　「マリポサ」「モンテレイ」「ラーリン」は同型の姉妹船である。若干年が資料
によって異なる場合があるがそのままにした。「マリポサ」「モンテレイ」の船
名は、戦後造られた貨物船改造の客船に引き継がれる。（160 頁写真参照）

パシフィック・ファー・イースト・ラインのモンテレイとマリポサ　　マトソン時代の広告

ラーリン誕生以前

　スプレッゲルス家は、ハワイ最大のサトウキビのプランテーションのオーナーで財を成す。その一族に、サンフランシスコで海運業を営むアドルフ・スプレッゲルスいた。2本マストのブリガンチン型「エマ・クラウィディナ」（195トン）でハワイの砂糖をサンフランシスコまで運んだ。高級船員の一人にスエーデン生まれのウイリアム・マトソンがいた。アドルフはもっと大きなバーケンチンの帆船341トンの船を建造し、600トンの砂糖を運ぶようになる。その船名が「ラーリン」である。「ラーリン」はローレライの英語名で、スプレッゲルスはドイツ移民であったからこの船名を命名する。この船の船長にウイリアム・マトソンが抜擢され、オーナーの一員にもなり海運事業を起こす第一歩となっていく。

　彼は会社の代表となり社名をマトソン・ナビゲーションとする。ハワイ航路を独占していく。1901年には「エンタープライズ」（2,675総トン）という中古の汽船を購入し、サンフランシスコとヒロを結ぶ。これが成功して帆船を次々に汽船に変えていく。1907年初めての新造船2代目「ラーリン」（6,572総トン）が就航する。積み荷の砂糖やパイナップルがエンジンの熱でダメにならないようにアフトエンジンの貨客船だった。この構造の貨客船がハワイ航路には適していたようで、

同型船を5隻建造する。マトソンはハワイを一大リゾートに変えるアイデアをもっていた。1925年5月「ラーリン」ら三姉妹の原型（良平さんは少し型が違うので姉妹船とはいえないが、まあ四人姉妹と広い意味でいえると表現している）となる「マロロ」（19,279 総トン）の建造が始まるが、火災や試運転中の衝突など不幸が続き、初航海でニューヨークからサンフランシスコへの15日間のクルーズに出たのは2年以上経った1927年10月27日のことであった。ハワイへの処女航海は11月16日であった。「マロロ」はオール1等、船客定員693名のみで、移民輸送は考えていなかった。この当時の客船としては珍しかったのではないだろうか。

マロロ 「GREAT PASSENGER SHIPS OF THE WORLD 3」より

　当時ハワイは洲ではなく領土の一つであったが、ハリウッドを擁するカリフォルニアの最高のリゾート地となる。ハワイ就航半年前にはワイキキビーチにマトソンの「ロイヤル・ハワイアン・ホテル」ができていた。もうひとつの航路、オーストラリア線も開発し観光船化する。そして1931年7月18日、三姉妹の第一船「マリポサ」が進水、続いて10月10日「モンテレイ」が進水し、第3船である主人公の3代目「ラーリン」と続く。
　実は「マロロ」と「モンテレイ」とこの「ラーリン」は、時期はばらばらであるが3隻ともギリシャのチャンドリス・ラインに売却され同僚として働く時が来る。

ラーリン誕生

マトソンとして、戦前最後の新造客船「ラーリン」（Lurline）は 1932年7月12日（18日）ベツレヘム造船所で進水し、1933年1月 12日完成する。本船はクルーズとハワイ線の増強のために建造される。

1932年7月18日進水するラーリン
「Passenger Liners American Style」より

1933年1月ニューヨークを離れるラーリン
「The Chandris Liners」より

要目は次のとおりである。

総トン数　18,021トン　全長192.6 m　幅24.2 m
タービン2軸28,800馬力　最高速力22ノット
航海速力20.5ノット
船客定員　ファーストクラス550名　セカンド
クラス250名　乗組員360名

1月27日、サンフランシスコ起点でオリ
エントクルーズを行う。ロサンゼルス、ホ
ノルル、シドニー、マニラ、香港と廻り、
4月4日神戸第4突堤に入港。1等2等寝
台列車の特発列車にて京都観光に向かう。
4月7日には横浜新港埠頭4突堤に接岸、
横浜港駅から日光行き特発列車が出る。そ

1930年代のラーリン
（3代か4代か判明しない）
マトソンラインの広告

のあとは、サンフランシスコまたはロサンゼルス〜ホノルル間を 5 日間で結ぶ航路に就航している。この極東クルーズは、ハワイの 1 月は雨期にあたり観光客が来なくなる時期に行われた。「ラーリン」はマトソンの子会社の所有であったが、1933 年

前頁下、この頁上、両方とも「Passenger Liners American Style」より

5 月 1 日付で正式にマトソンの船になる。

　翌 1934 年 3 月 30 日にも南太平洋・オリエンタルクルーズで神戸、横浜を訪れている。

横浜港のラーリン　　1930 年ごろ　新港埠頭横浜港駅の臨時列車
両方とも「横浜港を彩った客船」より

　真珠湾攻撃直後から兵員輸送船と改装が始まる。総トン数が 18,163 トンとなっている。12 月 11 日には、戦時船舶管理局の管理下に入る。1942 年から 1946 年までは、主にカリフォルニア〜ハワイ間の輸送に活躍する。1946 年 5 月 29 日兵役から戻り修理や改装され、総トン数が 18,564 トンと増トンされている。1948 年 4 月 1 日客船に復帰し、4 月 15 日からはサンフランシスコ〜ロサンゼルス〜ホノルル航路で就航する。1957 年ごろより定期運航からクルーズ船にシフトしていく。1963 年 2 月 3 日ホノルルから航海中、左タービンのブレードが吹っ飛

び、片エンジンで2月5日ロサンゼルスに帰港する。そのまま「ラーリン」は売りに出される。その時すでに船齢は30才となっていた。

　余談であるが、マトソンの広告戦略は一流画家が描いた優れたデザインのものが多く、

ポスター?のコピー

ノート

左：白地で「Matoson Line」、　右：「Matoson Lines Vintage Cruise To Hawaii」と書かれている

ハワイを代表するもので、現在でもポスターを始めTシャツ、ノートなどのイラストに使われている。

　マトソン・ラインの箇所は、主に西村慶明氏著『栄光のオーシャンライナー』を参考にした。この本にはマトソン・ナビゲーションをはじめ外国客船会社のことが詳細に書かれている。

チャンドリス・ラインのエリニスに

　その「ラーリン」を買ったのがギリシャのチャンドリス・ラインである。この会社は、A．J．チャンドリスとD．J．チャンドリスの兄弟で興したものである。第二次世界大戦中は彼らの父が貨物船のオーナーで、戦後その保険金を元手にして2人はリバティー船とT2タンカーで海運業を始めた。A．J．はロンドンを拠点に置くチャンドリスグループの会長に、D．J．はチャンドリス・クルージズを担当している。1959年11月、元ユニオン・キャッスルラインの「プロームフォンテイン　キャッスル」を購入し英国で改装、「パトリス」（18,400総トン）と改名して、ギリシャ～オーストラリア間に就航させる。1959

年12月14日、豪州への移民を乗せてピレウスを出港し、ポートサイド、アデン、フリーマントル、メルボルンと寄港し、シドニーに着く。そのあと年々乗船客が増加していく。

1961年9月にはフランスのトランスポール・ラインの「ブルターニョ」を購入し、「ブリタニー」（16,355総トン）と改名し移民の拡大を目指す。ターミナルをピレウスからサウサンプトンに移し、英－豪間航路として英国進出のきっかけとなる。

「ブリタニー」が1963年4月8日、ヘレニック造船所で火災にあい全損する。急きょその代船に購入されたのが「ラーリン」である。「ラーリン」はその時すでに31才の老嬢であった。「エリニス」（Ellinis ギリシャの乙女）と改名され、乙女に相応しい改装が進む。イギリスのノース・シールズで客室の増設、アコモデーションの拡充をし、外観ではクリッパー型船首、先細りの円すい型ファンネルとなる。全長195.7mとなり船客定員1,668名のワンクラスの客船に生まれ変わる。近代化のための改装をし変身した「エリニス」は、同年12月30日ピレウ

「船旅の絵本」より

スを出港し、スエズ運河を経てオーストラリアに着き、復航はウエリントン、パナマ運河を経てサウザンプトンに帰港する。

チャンドリス・ラインとしては初の世界一周航海であった。それからは、主に1973年までの10年間は欧州～豪州間の移民船として活躍する。その頃のチャンドリス・

長崎港入港中のエリニス

ラインは、セコハン客船ばかりを集めて一大フリートを築き上げていた。

船名	トン数	建造年	購入年	前船主	定員の変化
パトリス	18,400	1950	1959	ユニオン・キャッスル ライン　英	727 → 1,400
ブリタニー	16,355	1951	1961	トランスポール・マリ ティーム　仏	1,300
エリニス	18,565	1932	1963	マトソン・ライン　米	722 → 1,800
オーストラリス	34,449	1940	1964	ユナイテッドステーツ ラインズ　米	1,050 → 2,300
クイーン・ フレデリカ	20,553	1927	1966	ホーム・ラインズ　伊	1,200
アメリカニス	19,377	1952	1967	ユニオン・キャッスル ライン　英	446 → 860
アトランティス	24,458	1944	1970	アメリカン・プレジデ ントラインズ　米	456 → 1,092
ブリタニス	18,655	1932	1970	マトソン・ライン　米	761 → 1,700

1972年2月号「世界の艦船」山田廸生氏「チャンドリス・ライン世界の客船界における新勢力の実態」より

　前述したように「ブリタニス」はマトソン・ラインから、「クイーン・フレデリカ」はマトソンからホーム・ラインズを経てやはりチャンドリス・ラインに売却されている。マトソンの4隻中3隻はチャンドリスに来て、同時期に活躍している。

　この表を見てみると、購入する客船は10年落ちは当たり前で、「エリニス」や「クイーン・フレデリカ」「ブリタニス」に至ってはスクラップになってもおかしくない船齢での購入である。また定員は、元の定員のほぼ倍以上となっている。特徴的なのは、移民輸送を想定した構造ではあるが、等級なしのモノクラスの客船たちであった。古い船を安く買って改装し、たくさんの客を乗せて利益を生む構造である。ちょうど1970年前後は人々の移動手段が航空機に変わる時期で、定期船の活躍の場がなくなりつつあった時代でもある。その客船たちをチャン

ドリスは次々に購入していったのである。

　1974年7月25日、ロッテルダムに着いた「エリニス」は引退、解体された姉妹船「マリポサ」（「ホメリック」前身）のタービンと交換している。

3 姉妹の来日記録

　私の知る限り前頁の表のうち、元マトリンラインの客船で日本にやってきたのは、「ブリタニス」の前身4代目「ラーリン」（元モンテレイのちにブリタニス）時代に、「クイーン・フレデリカ」（元マロロ）が各1回、と主人公の3代目「ラーリン」が戦前2回、戦後2回、そして「エリニス」になって5回ではないかと思う。

　戦後、主人公の「ラーリン」が神戸港に入港したのは、73日間南太平洋〜オリエントクルーズでの途中である。1958年（昭和33年）3月2日10時30分、濃霧のために4時

神戸港のラーリン　1958年3月2日　村井正氏撮影

間遅れて入港。神戸商工会議所は、入港に先立って2月20日「観光船受け入れ打ち合わせ会」を行い、数隻の消防艇の放水、児童300人による小旗を振ってのお出迎えなどを決めている。加えて入港中は、元町、三ノ宮などの商店筋でのし尿汲み取りを止めることまで決定している。乗客575人は、神戸市内観光、京都・奈良への一泊旅行、6日コースの本土縦断旅行のグループに分かれ、それぞれハイヤーや特別仕立ての臨時列車（6両編成の特2客車）に乗車し出発する。4時間遅れを待っていたランチの乗組員や、旗を持った児童そしてそれを引率し

た教員は疲労しただろうと想像する。

　戦後２回目の来日は、1961年（昭和36年）春に太平洋クルーズの途中だったという。チャンドリス・ラインの「クイーン・フレデリカ」（元マロロ）も1969年（昭和44年）４月８日14時、クルーズでオークランドから横浜港へ入港。翌９日には「プレジデント・クリーブラント」（19,399総トン）、「ヒマラヤ」（27,955総トン）、「カンボジュ」（13,520総トン）と４隻が大桟橋に集結した。10日12時、フリーマントルへ出港した。この入港が、チャンドリス・ラインの客船としては、初来日である。

左:フレデリカ甲板から遠くにヒマラヤ　右:フレデリカ後方クリーブラント　両方「世界の艦船」より

　４代目「ラーリン」の来日は、チャンドリス・ラインに売却される直前の1970年（昭和45年）４月12日横浜へ、15日大阪で開かれていた万博と日本の桜を見るクルーズにアメリカ人540人を乗せて神戸

1970年4月、4代目ラーリン横浜入港

「栄光のオーシャンライナー」より　　　　「世界の船'70」より

港に入港する。18日午前零時に基隆に向けて出港する。これがマトソン・ライン客船の最後の来日となる。この年、ジャンボジェット機が各航空会社に就航、マトソン・ラインは客船事業から撤退する。160頁にある「モンテレイ」「マリポサ」がマトソン所有の最後の客船となった。

　主人公「エリニス」が日本の各港に初入港したのは、1973年（昭和48年）のことである。それから後の入港も合わせて「エリニス」が来日したのは5回であった。いずれも横浜－神戸－長崎のコースのクルー

入港年		横浜	神戸	長崎	備考
1973年 (S48年)	入港 出港	4月20日15時 4月22日11時	4月23日8時45分 4月24日8時	4月25日12時 同日19時半	瀬戸内海の濃霧で 長崎入港遅れる
1974年 (S49年)	入港 出港	4月8日11時 4月10日11時半	4月11日8時半 同日　20時	4月14日朝 4月15日朝	
1977年 (S52年)	入港 出港	4月24日18時 4月26日12時	4月27日10時15分 4月28日5時	4月29日8時 同日　19時	雲仙西海橋ツアー
1977年 (S52年)	入港 出港	10月17日7時? 10月19日12時	10月20日10時半 10月21日5時20分	10月22日9時 同日　19時	雲仙佐世保ツアー
1978年 (S53年)	入港 出港	4月16日7時 4月18日11時半	4月19日 同日　23時半	4月21日6時半 同日　19時	

1977年4月29日　　長崎港

ズである。それを表にすると次のよ
うになる。

神戸を早朝出港するのは、昼間の
瀬戸内海を通るためであろう。5回
ともオーストラリア、ニュージーラ
ンドからの船客である。横浜では2
日間、神戸では1泊かその日、長崎

1986年9月30日　エレウシス湾にて。中央「エ
リニス」左「Noga」（オーストラリスの後身）の
船尾のみ　右「アリアン」　　「The Chandris
Liners」より

では朝は入って夜出るパターンが多かった。日本にもたびたび訪れる
「エリニス」はこの時代の代表的な来航客船となっていた。それと同
時に、青地に白のXのファンネルがお馴染みとなる。
　「エリニス」はタービンを交換して延命措置を行うが、1980年10月
ついに引退する。船齢実に48歳であった。ギリシャのエレウシス湾に
係船される。解体のため最後の航海で1987年4月15日高雄に到着した。

エリニス引退後のチャンドリス・ライン

　1989年発行の「北米クルーズ船社概要」（日本郵船発行）にチャン
ドリス・ラインのことが書かれている。
　1988年4月末、西独Meyer Werft　造船所に3年来の計画であった
45,000GRTのクルーズ船を発注したことで、Piraeus本拠のChandris
Linesは、従来の低船価中古利用主義から一歩踏み出した。
　Chandrisはその船隊の数隻が第2次世界大戦前に建造されているな
どクルーズ業界でも最も古い老齢船を擁する船社として有名である。
世界の船舶愛好家にとって喜ばしいことには、このうち数隻の珍品が
残存している。現在では、1987年に300万ドル（4億円）の改装工
事を終えたのちに欧州コンソーシアムより傭船されている "The Azur"

（1971年建造、Paquet の旧 "Azur"）、1984 年に改造され 1987 年に再度外見を一新させた "Galileo"（1963 年建造）など比較的新しい船隊が就航している。Chandris は Chandris Fantasy Cruises　の名で 6 隻のクルーズ船を運航しており、船令 49 年の "Romanza" が地中海で就航している他は全隻、北米市場に投入している。

　Chandris が 1 億 8,000 万ドル（233 億円）で発注した 1,400 人乗り新造船 "Horizon" と命名されたが、1990 年春に竣工する予定である。同船は船令 36 年の "Amerikanis" との代替で、先頃 Chandris Fantasy が 10 年間のバース契約を締結した Bermuda と New York を結ぶ 7 日間クルーズに就航する。"Horizon" の内装デザインは London の John McNeece Design によるもので、設計は客船では史上初の CAD（Computer-aided design）方式が採用されている。また全長 682 フィートの "Horizon" は MAN B & W の新型エンジンである 4 ストロークの 9 L40 ／ 54 － 6L40 ／ 54 が搭載される初の船舶となる。

　9 行目を読んで苦笑した。愛好家の興味は、その通りである。こういう船会社は非常に魅力的なのだ。

　続けて「北米クルーズ船社概要」によると、1989 年のフリートは次の通りになっている。

	総トン数	建造年	改装年	収容客数①	クルー数②	①／②	1989 スケジュール
ブリタニス	26,141	1932	1987	926	530	1.7	カリブ海など
ロマンザ	7,537	1939	〃	562	250	2.2	地中海
ザ　ビクトリア	14,917	1939	〃	550	330	1.7	カリブ海
アメリカニス	19,904	1952	〃	609	400	1.5	カリブ海など
ガリレオ	28,083	1963	〃	1,080	580	1.9	メキシコ・バハマ等
ザ　アズール	14,717	1971	〃	665	340	2.0	カリブ海など

　建造年を見てみると、「まだ動いていたの！」と思わせる歴年数の船が多い。とりわけ「エリニス」と姉妹船だった「ブリタニス」（元モン

テレイ）が生きているのは驚きである。これらの船を維持するには、改装に改装を重ねてそれなりにきれいに保っていたと想像できる。また客数をクルー数で割った数（①／②　船員一人当たりの乗客数）を見てみると、今までのチャンドリス・ラインのイメージ（船賃が安く定員が多い）は一変する。客一人当たりのクルー数が多いのだ。１対１とはいかないまでも他のクルーズ会社と比べても遜色ないし、むしろサービスの行き届いた船会社である。

　同年チャンドリス・ラインはセレブリティクルーズ（セレブリティとは名声、名士、有名人を意味する）を設立し、1990 年上述の「ホライズン」（46,811 総トン）や「ゼニス」（47,255 総トン　1992 年 4 月就航　現ピースボート）をカリブ海クルーズに就航させた。客船評論家ダグラス・ワード氏がこの海域では初めてファイブスターの格付けを行い有名になる。当時は最先端の客船たちであった。1997 年、ロイヤルカリビアンインターナショナル（RCI）が 13 億ドルの破格の値段で買い取り、その傘下に入れた。

　現在もセレブリティクルーズの名前で運航し、エッジ級（129,500 総トン）２隻、ソルスティス級(121,878 総トン) ５隻、ミレニアム級(90,228 総トン) ４隻、センチュリー（78,000 総トン）などの船がある。「セレブリティ・ミレニアム」（90,940 総トン）は高知新港にもやってきている。セコハンを集めた船会社のイメージは全くない。

2017 年 5 月高知新港に入港するセレブリティ・ミレニアム

ラーリンと縁のあった客船たちの要目と船歴

マロロ（Malolo）

総トン数17,232トン　全長177.3m
　幅25.4m
2軸25,000馬力　最高速力22ノット
　航海速力21ノット
船客定員　ファーストクラスのモノ
　クラス693名
1926年6月26日　進水
1927年5月24日　トライアル中に貨
　物船と衝突事故
同年11月16日　サンフランシスコ〜
　ホノルル　処女航海
1937年　「マトソニア」（Matsonia）と
　改名する。改装し総トン数17,226
　トンとなる
1942年2月　軍の輸送船となる
1946年　復帰して5月22日修理後
　サンフランシスコ〜ホノルルに就
　航
1948年　ホーム・ラインズの売却
　される。

ホームズライン（上）チャンドリスライン（下）の「ク
イーン・フレデリカ」
「GREAT PASSENGER SHIPS OF THE
WORLD 3」より

1950年ルアーブル入港中
「The Chandris Liners」より

ジェノアのアンサルド（Ansaldo）社にて改装される。
　ファーストクラス349名　キャビンクラス203名　ツーリストクラス
626名
　総トン数15,602トンとなる
1949年　「アトランティック」（Atlantic）と改名　5月14日　ジェノア〜
　ニューヨーク初航海
1952年2月29日　サウサンプトン〜ハリファックス（カナダ）初航海

総トン数20,553トンとなる

同年 4 月21日　サウサンプトン〜ケベック(カナダ)初航海

1954年12月　「クイーン・フレデリカ」(Queen　Frederica)と改名
　　ファーストクラス132名　キャビンクラス116名　ツーリストクラス
　　931名

1955年1月29日　ピレウス〜ニューヨーク初航海

　　　4月23日　ケベック〜サウサンプトン初航海

1957年8月12日　ルアーヴル(仏)〜モントリオール初航海

1960年9月 8 日　クックスハーフェン(独)〜モントリオール初航海

1960 〜 1961年　ジェノアにて改装　総トン数21,329トン
ファーストクラス174名　ツーリストクラス1,005名

1965年11月　チャンドリス・ラインに売却される　サウサンプトン〜
　　オーストラリア初航海

1966年　総トン数16,435トンとなる

1970年　ソブリン・クルーズのチャーターで地中海クルーズを行う

1971年 9 月22日　リバーダートでドック入り

1972年 6 月　ピレウスでドック入り

1973年　地中海クルーズのちピレウス近くで係船される

1976年　スエズ運河付近でフローティングホテルになるという噂があっ
　　た

1978年　解体中に火災にあい全損

マリポサ(Mariposa)

総トン数18,017トン全
　長192.6m　幅24.2m
2 軸28,450馬力　最高
　速力22.84ノット　航
　海速力20.5ノット
船客定員　ファースト
　クラス475名　キャビ

マリポサ
「GREAT PASSENGER SHIPS OF THE WORLD 3」より

ンクラス229名　乗組員359名

1931年7月18日　進水

　　同年12月10日　竣工

1932年2月2日　サンフランシスコ〜ホノルル〜シドニー　処女航海

1941年　海軍の輸送艦となる　18,152総トンとなる

1946年　アラメダ(米)にて修理、改装

1953年　ホーム・ラインズの売却される。

トッド造船所にて機関
換装、改装される。

1954年　「ホメリック」
(Homeric)と改名
ファーストクラス147
名　ツーリストクラ
ス1,096名
総トン数18,563トン
全長195.5mとなる

ホメリック
「GREAT PASSENGER SHIPS OF THE WORLD 3」より

1955年1月24日　ベニス〜ニューヨーク初航海

　　同年5月3日　サウサンプトン〜ニューヨーク初航海

1957年8月12日　ル・アーヴル(仏)〜モントリオール初航海

　　　　　　　　　クックスハーフェン(独)〜モントリオール初航海

1963年10月　ニューヨークから西インド諸島、ナッソーなどアメリカ各
地クルーズ

1973年7月1日　キャップメイ90マイル西をクルージング中、ダイニン
グルームとキッチンより　出火

　　　7月16日　ジェノアに修理のため寄港するが修理不能

1974年1月29日　解体のため高雄に到着

モンテレイ（Monterey）

総トン数18,017トン　全長192.6m　幅24.2m

2軸28,800馬力　最高速力22.26ノット　航海速力20.5ノット

船客定員　ファースト
　　クラス472名　キャビ
　　ンクラス229名　乗組
　　員359名
1931年　進水
1932年4月20日竣工
　　　5月12日　サン
　　フランシスコ〜ホノ
　　ルル〜シドニー　処
　　女航海
1941年12月　海軍の輸
　　送艦となる
1946年　サンフランシ
　　スコでドック入りす
　　る
1952年　アメリカ政府
　　に売却される。再び
　　ドック入りする。

海軍時代のモンテレイ
「GREAT PASSENGER SHIPS OF THE WORLD 3」より

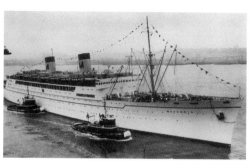

マトソニアとして1957年5月ニューヨーク港初入港
「The Chandris Liners」より

1956年2月9日　マトソン・ラインに買い戻される
1957年3月まで　ニューポートニューズで修理、「マトソニア」（Matsonia）
　　と改名　18,655総トン　全長195.5mになる
ファーストクラス761名のワンクラスとなる。
1957年5月17日　サンフランシスコ〜ロスアンゼルス〜ホノルル初航海
1963年　「 ラーリン 」
　　（Lurline）と改名（169頁に
　　写真あり）
1970年5月27日（4月）
　　チャンドリス・ラインに売
　　却される。「ブリタニス」
　　（Britanis）と改名　ピレウ

ブリタニス「世界の豪華客船」より

スで改装　総トン数
18,254トンとなる。
ワンクラス1,655名と
なる
1971年 2 月21日　サ
ウサンプトン〜シド
ニー〜サウサンプト
ンの世界一周をする。

ブリタニス「GREAT PASSENGER SHIPS OF THE WORLD 3」より

クルーズ客船として活躍する。

最後は、キューバのグァンタナモ海軍基地で米軍の宿泊船となる。

1998年春パキスタンに曳航され解体される。

実に66年の長寿であった。

ラーリンとアトランティス（元プレジデントルーズベルト 166 頁表参照）の模型

［参考文献］

「客船史」を散歩する　柳原良平著　出版共同社　1979 年3月

栄光のオーシャンライナー　西村慶明著　ワールドフォトプレス　平成 12 年 10 月

GREAT PASSENGER SHIPS OF THE WORLD 3 Arnold Kludas 著　PSL　1986 年

GREAT PASSENGER SHIPS 1950 - 1960 The HISTORY PRESS　2016 年

Cruise Identity, design and culture　PETER QUARTERMAINE & BRUCE PETER　2006 年

The Chandris Liners　WILLIAM H.WILLER 著　Carmania Press　1993 年 10 月

THE LAST BLUE WATER LINERS　WILLIAM H.WILLER 著　Conway Maritime　1985

PICTORIAL ENCYCLOPEDIA OF OCEAN LINERS 1860 - 1994　WILLIAM H.WILLERJr 著

Passenger Liners American Style　WILLIAM H. WILLER 著 armania Press　1999 年

NORTH ATLANTIC PASSENGER LINERS SINCE 1900　Nicholas T.Cairis 著　IAN　ALLAN　19

世界の豪華客船　平凡社　1982 年3月

横浜港を彩った客船　横浜マリタイムミュージアム　2004 年 10 月

北米クルーズ船社概要　日本郵船　1989 年

世界の船　各号　朝日新聞社

雑誌「世界の艦船」各号

名船こがね丸のその後

関西汽船のこがね丸、ある一定の年齢層にとっては特別な船かもしれない。私は1回見かけただけで、この時は写真も撮らなかったし当然乗ったことはなく、原稿を書けるほどの情報は持っていない。ただこれをテーマとしたいと思ったのは一つのパンフレットからだった。それは寿産業の「海上ホテルこがね丸」で、前書からお世話になっている西口公章さんから送ってもらったものである。それまで持っていた海上ホテルのものは3種類であるが、全体がカラーで大きく写っているこがね丸を見たとき書きたいと思った。

　しかも、良平さんにとっても思い入れのある船であったことも想いを押した。『柳原良平船の本』（昭和43年刊）から引用してみる。

　現在別府便に就航している関西汽船の「こがね丸」「に志き丸」はいまもって健在なのはうれしいが、じつに大阪商船当時の内海航路の女王であった。

　　この「こがね丸」の船体模型が京都四条通りの船客案内所のウインドウに陳列してあって、町に買い物に出ていったおりにはかならずこの前でしばらく時間をつぶしたものだ。金ピカの真ちゅうの手スリや、ベンチレーター、イカリの鎖などはほんとに美しいなァと思った。ちょうど水面あたりに目の高さをきめ片目をつぶって見ると本当の「こがね丸」を見ているような迫力があり、顔を動かすと船が動いてくる。乗りたいなァ、こんな模型をつくってみたいなァ、小学生のボクはこの船の前でいつもそう思った。

こがね丸　「柳原良平船の本」より

に志き丸　「「客船史」を散歩する」より

「こがね丸」が就航する前の大阪商船の別府航路から簡単に流れを見て、就航順に略歴を紹介し、次に関西汽船の時代、最後に海上ホテルこがね丸と続く。本船についてはたくさんの方が書かれているし、記録もある。そこで私が興味あるところは若干詳しく書き、他は箇条書き程度にして "その後" について紹介したいと思う。

こがね丸以前の別府航路

　阪神〜別府を結ぶ別府航路を始めたのは大阪商船で、その後関西汽船に引き継がれる。現在は、株式会社フェリーさんふらわあが2隻のフェリーを運航している。
　大阪商船の創立は1884年（明治17年）で、創立時には18航路を運営し、別府は2航路の一寄港地に過ぎずメインのものではなかった。一つの航路は第八本線、もう一つは第九本線である。それぞれ寄港地を示すと次のとおりである。
　第八本線：大阪、神戸、多度津、今治、三津浜、長浜、別府、大分、
　　佐賀関、臼杵、佐伯、延岡、細島
　第九本線：大阪、神戸、多度津、今治、三津浜、長浜、別府、大分、
　　佐賀関、八幡浜、宇和島

　別府温泉開発を目的に「紅丸」が1912年（明治45年）5月に運航を開始する。当初は、大阪豊後線（大阪、神戸、高松、高浜、別府、大分諸港）と称したが、1913年（大正2年）門司に延航、翌年門司延航をやめて大阪別府線と称した。それから内海の花形航路として、「紅丸」「紫丸」「屋島丸」「紅丸」「緑丸」「菫丸」と続いていく。なお旧文字は資料のまま使用し、統一はしない。

［紅丸（初代　1,399 総トン）］

　最初に別府航路に就いた「紅丸」は、北ドイツ・ロイド社の揚子江客船「美順」を 1911 年（明治 44 年）に大阪商船が購入したもので、1912 年 5 月に別府航路に就航した。1921 年（大正 10 年）「紫丸」が竣工すると阪神〜徳島間に転配され、1924 年（大正 13 年）2 代目「紅丸」が就航すると「鳴門丸」と改名した。

紅丸　　両方とも大阪商船絵葉書　　鳴門丸

［紫丸（1,598 総トン）］

　1921 年（大正 10 年）12 月、大阪鉄工所桜島工場で建造される。船キチなら誰でも一度は憧れた、和辻春樹博士の処女設計の船として知られている。のち 1934 年（昭和 9 年）、「むらさき丸」と改名されている。

むらさき丸　　両方とも大阪商船絵葉書

［屋島丸（947 総トン）］

　元英フラワー級掃海艇（護衛艦）「サンフラワー」が商船改造され「ランビア」と改名、それを大阪商船が 1923 年（大正 12 年）8 月に購入し「屋島丸」と改名した。阪神〜別府、大阪〜高松航路に就航したが、1933 年（昭和 8 年）10 月

暴風のため須磨沖で沈没、のちに引き揚げられ、1941年（昭和16年）7月11日（5月という資料あり）東京湾汽船に売却し「こうせい丸」と改名し、8月5日から東京〜伊豆大島〜下田線に就航。船名は「更生」からきたという。すぐに徴傭され、特設駆潜艇（掃海艇という資料あり）になる。戦後は、貨物船として1950年（昭和25年）9月15日廃船。

屋島丸　両方とも大阪商船絵葉書

戦後豊洲埋立て地に係船中のこうせい丸　　「世界の艦船」より

［紅丸（2代　1,540総トン）］

　1924年（大正13年）9月、大阪鉄工所桜島工場にて建造される。「屋島丸」に代わって就航する。1934年（昭和9年）「くれなゐ丸」と改名。その後の瀬戸内海客船の原点になった船だと言われている。

くれない丸　両方とも大阪商船絵葉書

［緑丸（1,724 総トン）］

1928 年（昭和 3 年）11 月竣工。
三菱重工神戸造船所建造である。「紅
丸」の改良拡大型で、その後の内航
客船の原型となっていく。1934年（昭
和 9 年）「みどり丸」に改名。この
船の沈没が「こがね丸」建造につな
がっていく。

左下がみどり丸　右上がすみれ丸

［菫丸（1,724 総トン）］

1929 年（昭和 4 年）1 月竣工。「緑丸」の姉妹船である。「緑丸」「菫丸」の
就航により別府航路は 1 日 2 便となる。1934 年（昭和 9 年）「すみれ丸」と改名。
戦後、別府航路に復帰するが、1950 年（昭和 25 年）GHQ の指令によりオラン
ダに賠償船として接収される。

すみれ丸　　　　両方とも　大阪商船絵葉書

　別府航路のほとんどの新造船を設計した和辻氏の著書『船の思いひ出』（昭和
23 年 3 月発行）から興味深いところを引用してみる。

　　処女設計のむらさき丸では 1 等客室の外側にも内側にも通路を設けてその
　間にキャビンを配した訳だが、キャビンも充分でなく内外の通路も所要の幅
　が取れなかった。そこでくれない丸にはキャビンをケーシリング側に寄せて
　外側の通路を外舷まで張り上げ、グラス・ウインドウを設けて通路兼ヴェラ
　ンダにして見たが、キャビンの出入りがヴェランダになるので風呂に行くに
　も、便所に行くにもはれがましくかつキャビンの窓から外の景色を充分見る

ことが出来ない。

　どうも此式では面白くないと思ったし、航路が別府行なので家族連れの乗客や、新婚夫妻も少なくないので一策を考えてそれをみどり丸やすみれ丸に試みて見てみた。すなわち内側には通路を設けキャビンの外には1室にプライベートのヴェランダを配し外舷はロレーム・グラス・ウインドウの大きいものをつけ、テーブル・チェアー、フォッシュベージンなどをこのヴェランダに取り付け、キャビン・ベッドはアスワートシップすなわち横向けに配置して見た。本船の如き純客船はトリムも少なくかつ瀬戸内海航路でもあるからローリングも烈しくはないという見通しでかような試みをして見たのである。これは非常に成功したのであって殊に外の景色を観る上にもまたプライバシーの点からも申し分なく、殊に新婚旅行者などから絶賛を博して聊かてれくさかったものである。…その後に建造したにしき丸及びこがね丸にも同様の配置と設備とした。

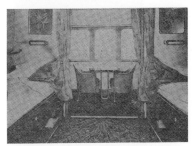

こがね丸1等客室「随筆　続船」より

こがね丸絵葉書より

　通路を内側に設けることによってプライバシーが守られた。また従来ベッドの配置は、船首船尾方向（縦向け）にするのが、常識であった。それはローリング（横揺れ）を考えての処置であった。内海航路の客船だからローリングも烈しくはないだろうと考え、あえて横向き（進行方向と直角）に配置する。そのことによって1等室の個別化が実現したのである。この「みどり丸」「すみれ丸」の設計の考え方が、今日の客船建造にも踏襲されている。

　この6隻のあと「に志き丸」が登場し、別府航路の黄金期を迎える。

［に志き丸］

「緑丸」「菫丸」の改良型として、「に志き丸」が1934年（昭和9年）11月に竣工する。「に志き丸」について、「こがね丸」就航前の昭和11年3月、大阪商船が作った「に志き丸」メインの別府案内から拾ってみる。

| 3等喫煙室 | 2等広間 | 1等食堂 | に志き丸 |

大阪別府航路

阪神から別府へは1850噸の新造純客船に志き丸とその姉妹船すみれ丸・むらさき丸・くれなゐ丸が、下記定期により毎日2回往復しています。各船とも外国航路の大客船に劣らぬ設備を持ち、1等室は2人部屋の洋室と和室とあり、2等室は定員5、6人から10人迄の絨緞敷の美しい小部屋になっています。3等は通風採光完備の大広間です。

食堂、談話室、喫茶室、ベランダ等瀬戸内遊覧船にふさわしい装飾を施し、機関のリズムも快く、波穏やかな美しい島々を縫って航海しています。（現代仮名遣い、数字などに変更）

に志き丸　大阪商船絵葉書

に志き丸　別府温泉名勝より

時刻表：

		大阪	神戸	高松	今治	高浜	長浜	大分	別府
下り	昼便	14：00発	15：40発	21：00発	→	3：50発	→	→	9：20着
	晩便	20：00発	21：40発	→	6：40発	9：00発	10：35発	→	14：20着
上り	昼便	8：35着	6：55着	←	21：45発	19：15発	17：20発	13：10発	12：25発
	晩便	13：00着	11：30着	6：50発	←	24：00発	←	18：40発	18：00発

料金表（一部）：

	1等	2等	3等
大阪・神戸～別府	18円	12円	6円

大阪、神戸は同一料金／大阪は天保山　神戸は中突堤のりば

こがね丸誕生

1935年（昭和10年）7月3日、別府航路の「みどり丸」が濃霧のため小豆島の地蔵崎沖で大連汽船の貨物船「千山丸」（2,775総トン）と衝突し沈没してしまう。その「みどり丸」の代船として「に志き丸」の姉妹船「こがね丸」は、その年の暮れに三菱神戸で建造が始まる。

要目は次のとおりである。

大阪商船

1935年12月11日起工　1936年5月23日進水　8月29日竣工

1,905総トン　　三菱重工神戸造船所建造

全長74.5m　幅12.0m　深さ5.8m

ディーゼル2基2軸2,807馬力　最高速力17.4ノット　航海速力14.0ノット

旅客定員　1等28名　2等132名　3等550名

阪神〜別府航路

こがね丸　　両方とも大阪商船絵葉書

「みどり丸」の教訓から水密隔壁を増やし、どの連続した2つの区画に浸水しても沈まない構造、是則直道氏のいう"不沈客船"となった。「こがね丸」を設計したのはも、和辻春樹博士である。和辻さんの著作『船の思い出』の中の「沈まぬ船」には不沈設計について述べられた箇所がある。以下、引用には現代仮名遣いに変えたりルビをふったりした。また、一部表現を変えている。

みどり丸が沈没して今度は沈まぬ船が出来ないものかという重役

さんの注文であった。1912 年 4 月タイタニック号がその処女航海に氷山に衝突して沈没したが、バンドの「主よ御下に通づかん」（主よ御許に近づかんの誤植だと思われる）奏楽の中に冷たい海へ数百の人々が吸われて行った話は余りにも有名である。ところがその後この悲惨な出来事から「沈まぬ船」という問題を取り上げて造船関係の雑誌、研究発表等に追々（徐々に）現れて来た。と同時に船の救命設備を完全にすることが各国の与論となり各種の法規が提案されて、ついに「海上における人命安全会議」が 1913 年にロンドンで召集されたのであるが日本はこの会議に参加しなかったのも人間の命の安い国らしい。…大型船ほど「沈まぬ船」は造り易く、小型船ほど困難であることは常識的に想像がつくと思うが、別府航路船の寸法の船も「沈まぬ船」にすることは極めて難しく、また色々の点で犠牲を払うことも少なくないので、この種の船にそこまで犠牲を払うことは外国にも恐らくその例を見ないであろうし、また愚であることを強調したけれどもついに会社の重役は素人考えで遮二無二無理を強いてしまったのである。馬鹿々々しいと思ったけれども止むを得ず、この種の型の船に於いて実際使用上、特別な不便を感じない程度で最大の安全率を持たせようと決心し、トゥー・コンパートメント・アフロート即ち船のどの連続する 2 つの水密区画を同時に破られて浸水しても船は沈まないということにすることにして計算と設計を始めた。設計しながらもこんな小さい船には無理な注文だと思いながら、二区割安全船を設計し上げて出来たものがこがね丸である。このために要した費用が船価の約一割五分であったと記憶する。これだけの犠牲と船内の不便を忍んでこんな船を「沈まぬ船」にすることは決して賢明な策でないことはいうまでもない。水密隔壁にはついに一枚の扉もつけず、中甲板の 3 等客室は 1 室ずつ隔離されて往来が出来ず、一々上甲板に上がってまた入り口から下

らねばならないようになっている。だから小型船では、こがね丸ほど安全率の高い船は外にない。…にしき丸に比較して、こがね丸には無理のあることがよく理解されようと思うが、おそらく素人が見ても、にしき丸のようにバランスの取れた無理のないところがこがね丸では見られまい。

　設計者ご本人にとっては、素人（経営陣）の要求が非合理的なもので、いかに不満であったがわかる文である。後年「あいぼり丸」などの関西汽船の客船を設計された塙友雄氏も、客室（乗客数をできるだけ増やす）や貨物の量、それにスピードなどの要求と建造費の兼ね合いで設計するのが難しいとおっしゃっていたのを思い出した。

　主機関は、三菱船舶用4サイクル無気噴油直立単動可逆転式トランクピストン型ディーゼル機関を2基搭載した。このエンジンは三菱神戸の長年の研究により、背が低く、客室のスペースが取れ、速力増加のため軽量化に苦心したしたもので、1936年（昭和11年）8月18日淡路島仮屋沖の公試運転では17.447ノットを記録した。

　また本船の特長は、流線形を採用し、遊歩甲板上の1等食堂も前面に大型の曲面ガラスを並べることによって丸味を持たせ、端艇甲板には円形のベランダを設けた。また、出入り口を廃止して食堂を広くしたのも本船の特徴の一つである。海事史家の間恒恒氏によると、この丸味を持たせたハウスは、1929年に建造されてブルーリボンをとったドイツの客船「ブレーメン」（51,656総トン　1929年〜1941年）からヒントを得たのではないかと推測している。「こがね丸」に採用したあと、それを応用したのが「あるぜんちな丸」（12,755総トン　1939年〜1945年）である、と。

ブレーメンのハウス

あるぜんちな丸のハウス部分

両方とも「船の美学」より

　1936年（昭和11年）9月3日、神戸を出港し別府に向かうが、その当時のパンフレットには次のように書かれていた。

　　合理的に徹底された船体の流線化と各公室の一貫した現代日本式装飾様式は、新しい美学の命ずる最高標準に達している。豪華な1，2等食堂、わん曲ガラスを張った半月型展望室、従来なかった3等食堂の新設。内海の女王の名にふさわしい。

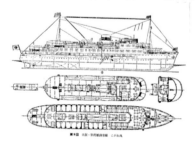
「昭和造船史第一巻」より

「日本の客船1」より

高浜港のこがね丸
横の客船は石崎汽船第12相生丸か

大阪商船絵葉書

以後、「こがね丸」は「に志き丸」「すみれ丸」「くれない丸」「むらさき丸」とともに昼夜2便体制で瀬戸内海の女王として活躍する。

　しかし昭和13年11月には、1日1往復に減便され、昭和15年5月のパンフレットによると次のような時刻表となっている。

	大阪	神戸	高松	高浜	長浜	大分	別府
下り	16：30発	18：20発	23：15発	5：40発	→	→	10：50着
上り	8：40着	7：00着	2：15発	19：50発	18：05発	14：10発	13：30発

　今治寄港はなくなっている。（高松便が今治まで延長されていたのではないか）下りでは神戸出港後夕食が、高浜出港後朝食が供され、上りでは長浜出港後夕食、高松出港後朝食となっている。船賃のところに食事付と書いてあるので等級によらず付いていたのだろう。料金は昭和11年のものと変わっていない。

　下のような説明がなされている。

　　阪神と別府相互間には 1,905 噸の純客船こがね丸とその姉妹船に志き丸が毎日往復しています。各船とも外国航路の大型船に劣らぬ、あるいはそれ以上の設備を持っています。一等はだいたい2人部室となり二等室は定員5，6人から10人までの絨緞敷の美しい小部屋になっています。三等は通風採光を完備した広間です。　（現代仮名遣い、数字などに変更）

すみれ丸1等食堂　　　　　に志き丸1等船室　　　　こがね丸1等食堂
　　　　　　　　　　　　大阪商船パンフレットより

最後にもう一つ、野間恒氏の舞子丸でも引用した 1997 年 11・12 月号「ラメール」から興味深いところを再び引用してみる。

　別府航路客船のハウス・デザインは、「むらさき丸（一世）」（全開放型ハウス）→「くれない丸」（二世）」（ハウスの一部エンクローズ型）→「みどり丸」級（アッパー・デッキのハウス閉鎖型）をへて「に志き丸」でスタイルがかたまり、「こがね丸」では流線化されたという、いわゆる≪和辻型ハウス≫の手法は戦後の別府航路客船に踏襲された…。

　※モデルアート社日本の客船シリーズ No.2「に志き丸」（西村慶明著）、日本旅客船協会が発行していた「旅客船　NO.280」（平成 29 年 8 月発行）に野間恒氏が“瀬戸内海の道”、西口公章氏のが“生活航路の客船いまむかし”「こうせい丸」などに詳しく書かれている。また引用した 1997 年 11・12 月号「ラメール」特集瀬戸内海の女王には別府航路のこと、それに「ラメール」2001 年 5・6 月号には山田廸生氏の名船発掘で「こうせい丸」のことが詳述されている。

関西汽船時代

　1942 年（昭和 17 年）5 月 4 日　関西汽船設立にともなって移籍する。譲渡額 106 万 6,940 円であった。「に志き丸」よりは若干高い値段だった。創業時は「むらさき丸」とともに大阪―今治線に 1 日 1 便で就航する。

　1943 年（昭和 18 年）8 月 10 日　海軍に徴傭され、呉鎮守府所属の特設運送船となる。潜水学校支援船として活躍する。

　1946 年（昭和 21 年）9 月～ 1947 年（昭和 22 年）10 月（11 月）には第二復員局による復員船として引き上げ輸送に従事、主に釜山―博多、そして下関、佐世保で約 20 万人の輸送をする。

1949 年（昭和 24 年）10 月 19 日国家使用船解除。返還され別府航路に復帰し、「に志き丸」と新造船「るり丸」とともに 3 隻で女王として返り咲いた。

いずれも関西汽船絵葉書

スカジャップナンバーを付けた3船「こがね丸」K087、「に志き丸」N049、「るり丸」R020
スカジャップナンバーを付けたのは、昭和 20 年 10 月から昭和 26 年 9 月ごろまでである。

1952 年（昭和 27 年）4 月印刷のパンフレットでは、時刻、料金は次のようになっている。

	大阪	神戸	高松	今治	高浜	大分	別府
下り便	15：30 発	17：30 発	22：40 着	4：00 着	6：40 着	→	13：00 着
上り便	13：00 着	10：50 着	5：40 発	0：40 発	22：10 発	16：20 発	15：30 発

大阪－別府片道運賃

等級	1 等	洋室 2 等	和室 2 等	3 等
値段	4,200 円	2,400	1,470	840

このあと翌年 1953 年 3 月には料金が 1954 年の表のように上がっている。

こがね丸　両方とも関西汽船絵葉書

1954 年（昭和 29 年）から下の時刻表のように 1 日 2 便となる。

阪神―松山・別府航路　1954 年（昭和 29 年）9 月 26 日より実施の時刻表

		大阪	神戸	高松	今治	松山	大分	別府
下り	1便	16：00発	18：00発→	22：45着 23：00発	→	5：20着 5：40発	→	11：00着
	2便	19：00発	21：00発→	→	6：00着 6：10発	8：30着 8：40発	→	14：00着
上り	1便	8：40着	7：00着	←	21：50着 22：00発	19：10着 19：30発	←14：10発	13：30着
	2便	11：40着	10：00着	5：00着 5：10発	←	22：20着 22：30発	←17：10発	16：00着

運賃表　別府線　　　　昭和 30 年当時大卒初任給 11,000 円

	行き先 等級	高松	今治	松山（高浜）	大分・別府
大阪 神戸	1 等	1,950 円	2,950 円	3,400 円	4,600 円
	洋室 2 等	1,170	1,770	2,044	2,760
	和室 2 等	780	1,180	1,360	1,840
	3 等	390	590	680	920

　同時期（1954 年 9 月）に関西汽船が発行した「瀬戸内海レクレーショ
ンコース集」に 11 のお勧めコースが載っている。その中の別府と、そ
の郊外回遊コースを見てみよう。

　別府　1 昼夜 40 万石を湧出する湯量を誇り－受入体勢の完備した近代施設、
加えて豊富なヒンターランドに恵まれた別府は、国際観光都市として自負する
に足るものといえましょう。

コース

（第Ⅰ日）大阪 16:00　神戸 18:00 発　　・・・・（汽船）

（第2日）別府 11:00 着　〔地獄めぐり、所要時間約3時間、宿泊〕

（第3日）9:10 発－（バス）－城島高原 10:00 着、10;40、13:40 発－（バス）
　　－別府 11:30、14:40 着　16:00 発・・（汽船）

（第4日）・・・船上より瀬戸内海国立公園を探勝　神戸 10:00、大阪 11:40 着

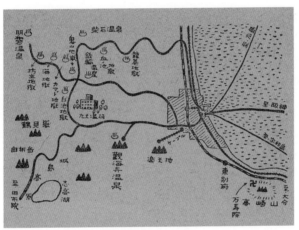

関西汽船パンフレットより

旅費概算（中高生団体 30 人以上、一般及小学生団体は 50 人～ 100 人迄の 1 人当り）

	個人	一般（団体）	高校（団体）	中学（団体）	小学（団体）
阪神別府3等往復汽船費	1,750 円	1,564 円	1,288 円	1,288 円	782 円
地獄めぐりバス・観覧料金	230	230	145	130	95
城島高原行バス　往復料金	110	110	110	96	75
宿泊　1泊3食	1,000	800	400	300	250
一人当り費用　　合計	3,090	2,704	1,943	1,814	1,202

別府入湯クーポン券（個人用）3,500 円（阪神～別府間3等往復船賃、別府1泊
2食付宿泊料、地獄巡りバス賃、観覧料船中食費4食分を含む）

　このようなコースが修学旅行（68 頁）のコースの元になっていると
も考えられる。当時からクーポンがつくられていたのは、驚きである。

こがね丸

にしき丸

るり丸

いずれも関西汽船の写真より

　1962 年（昭和 37 年）7 月、淡路島灯台西方で辰巳商会貨物船「第
７５辰巳丸」と衝突。「第 75 辰巳丸」は沈没する。
　約 10 年後の時刻表は次の通りで、観光船と呼ばれる新鋭客船が 4 隻
就航していた時代で、3 姉妹はもうすでに女王ではなくなっていた。

1965 年3月〜5月の時刻表

　この頃の別府航路は、別府航路観光 1 便、2 便それに観光便高松航
路（赤字の時刻）を 4 隻の 3,000 トン級観光船（「くれない丸」「むら
さき丸」「こはく丸」「すみれ丸」）で回していた。しかしドック入りの

際には運休になるので予備船が必要である。1961年（昭和35年）「る
り丸」のエンジンを2,000馬力2基換装し航海速力を17ノットとして、
観光船4隻のスピードとそん色ないようにする。普段は「るり丸」も「こ
がね丸」や「にしき丸」と同様に普通便に使用されていた。普通便も
4隻必要でもう1隻は1,000トン級の客船が就航していた。
　当時は観光船の人気が高く関西汽船は"観光船特別料金"を乗船料
に上乗せしていた。

時刻料金表より

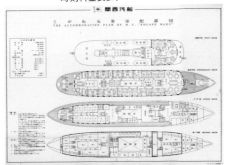

関西汽船客室配置図より

こがね丸　両方とも関西汽船絵葉書より

1971年（昭和46年）3月乗用車のみ搭載できる「ゆふ」（3,359総トン）の就航により3月19日大阪発別府航路を最終航海。以後小豆島にて係船。同年10月10日、伊藤忠商事の仲介で広島の寿観光産業が6,000万円で購入する。

海上ホテルになったこがね丸

　広島県の江田島、佐伯郡大柿県大君王泊　寿観光産業の「海上ホテルこがね丸」となる。

　ここからは所有している4種類のパンフレットを制作順に紹介していく。この順序は筆者の推測である。
　下が創業時に一番近いものである。
　右の10cm×15cmぐらいの、あまり大きくない三つ折りのパンフレットである。中には次のように書かれている。

　詩情豊かな船旅の趣きを・・・
　海水浴・潮干狩りと砂浜の感触
　　を・・・
　デッキから浴衣がけで釣りの妙
　　味を・・・
　漁火につつまれ地酒でタイの活
　　作りを・・・

　　幾多の愛とロマンを運んだ瀬戸内海のクィーン「こがね丸」が、風光と伝説に恵まれた能美

島王泊湾内にしっかりと錨を下ろし、皆様の海上ホテルとして蘇えりました。宿泊のみならず、楽しいお食事、お茶と談らん（原文ママ）にどうぞお気楽にご利用ください。

旧船主（関西汽船）1,900トン　冷暖房完備　34室　宿泊人数500名

入場料　大人200円　小人100円

宿泊料

1泊2食付き・御1人様		御室料
A・Bキャビン	1,500〜2,000円	800円
和室	2,000〜2,500円	2,000　3,500　6,500
洋室（C）	2,000〜2,500円	6,000（6人室）　12,000（12人室）
洋室（B）	2,500〜3,500円	3,500
洋室（A）	2,500〜4,500円	6,000
特別室	6,000〜10,000円	8,000

交通のご案内

　自社旅客船（定員77人）が団体様には宇品港・呉港まで送迎いたします。

　音戸町早瀬桟橋・こがね丸間は自社連絡船があります。

車の方　　　　　江能・上村汽船フェリー

　宇品県営桟橋　　フェリー　切串港（30分）　車こがね丸（40分）

　　　　　　　　　　　　　　小用港（60分）　こがね丸（30分）

　　　　　　　　　　　　　　高田港（45分）　こがね丸（45分）

　呉港　　　　　フェリー　小用港（25分）　こがね丸（30分）

船の場合

　宇品県営桟橋　大君行き（13：00　17：00　18：20　江能汽船）

　呉中央桟橋　　大君行き（7：10　9：50　14：10　17：40　江能汽船）

　宇品県営桟橋　小用港　呉市営バス・大君行き（7：40　11：00　11：35

　　　　　　　　17：00　19：35）

　大君よりこがね丸迄タクシーで約260円

　次頁右のも同じ創業時のものと思われるパンフレットである。内部をイラストで表したもので、団体貸し切りで宿泊するとなお一層楽しそうに感じた。

浴室が5か所、トイレが10か所、洗面所が5か所ある。4Fのウルトラマンとカイジュウは写真では確認できなかった。

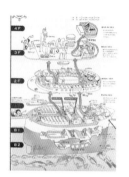

下のパンフレットは、変形の3つ折りのパンフレットで一部カラー印刷となっている。

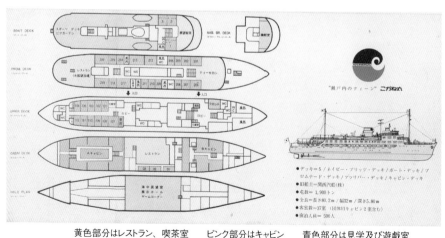

黄色部分はレストラン、喫茶室　　　ピンク部分はキャビン　　　青色部分は見学及び遊戯室

上のデッキから

　BOAT　DECK（ボートデッキ）

船首から　展望喫茶　スペシャルルーム1・2・3　スポーツデッキ　ビアガーデン

　PROM　DECK（プロムナードデッキ）

　　船首から　ティーサロン　客室　風呂　レストラン（大展望浴場）※大
　　展望浴場は不明

　UPPER DECK（アッパーデッキ）

　　船首から　風呂　ロビー　売店　客室

　CABIN　DECK（キャビンデッキ）

　　船首から　Bキャビン　レストラン　Aキャビン　　※A,Bキャビンは
　　団体用キャビン

　HOLD　DECK（ホールドデッキ）

　　海中展望室　展示ホール　ゲームコーナー

🎵船内ごあんない

艤・マスト・壱・ボート・デッキ等、船の設
備、ひとつひとつに夢があふれ、ロマンがあり
ます。
かつての航海がしのばれる操舵室、瀬戸内のな
がめを充分に楽しめる展望喫茶、ムードあふれ
るキャビン、瀬戸内の魚をご賞味できるレスト
ラン等、きっと、海の上の優雅な生活をご満足
いただけます。
又、海上ビアガーデンや海中展望窓、海洋展
示コーナー、ゲームコーナーなど、宿泊設備に
加えて、船だからこそ可能な、各種レジャー施
設も整えました。
宿泊のみならず、楽しいお食事、お茶と談らん
に、お気軽にご利用ください。

３つ目が一番新しいものだと思われるパンフレットで、西口氏にいただいたものだ。初期にはなかったすべり台がつくられている。早瀬大橋の写真も見える。

左上から　客室　　船首より早瀬大橋を望む　　みかん狩り
左下から　海上すべり台　　喫茶室　　魚釣り
海上すべり台写真の船尾看板には「祝　早瀬大橋開通」と書いてある。

開業した時には交通の不便さで客足も心配されたが、1973年（昭和48年）10月早瀬大橋開通により車で直接訪れることができるようになる。それにより認知度も高くなったと思われる。広島の子どもたちにとっては身近な海水浴場で、夏場はたくさんの人で賑わっていたという。

　しかし1978年（昭和53年）8月15日午後4時30分ごろ、船首部分が異常に沈んでいるのを従業員が発見する。船首船底の機械室にひざ下まで海水が入り左舷部より浸水、広島21団ボーイスカウト40人をはじめ宿泊客ら150人を非難させ、怪我人はいなかった。3時間後の午後7時45分ごろには復旧したという。1980年（昭和55年）春に営業停止、船体は古澤鋼材に売却され、解体された。

海上ホテルこがね丸を訪ねてみた

　訪ねたこがね丸は呉から車で30分の江田島にあった。早瀬大橋を降りると右手に県道121号線を少し走ったところにある。県道と言っても途中車がすれ違いできない箇所もあり、そこを通り抜けると開けたところに目的地の大泊はある。静寂そのもので撮影中、車が2台だけ通った。2,000トン級の船がすっぽり入る入り江で、前には小さな砂浜が広がる。県道から道とも言えない道を少し入るとマリンピア大君というレストランがあるが、見えている範囲で営業しているのかどうかも分からないのでそこで昼食をとるのは諦める。他に建物は何も見えない。早瀬大橋ができる前は、直接の交通手段は船しかなく（199頁参照）「こがね丸」を訪ねるのはちょっとした秘境探検の気分ではなかったろうか。

　平成27年、大君の歴史を啓発する会がこの地王泊<ruby>王泊<rt>おおどまり</rt></ruby>のいわれを示すために作った立て札がある。それによると、寿永4年（1185年）平宗盛

が平安徳天皇と三種の神器、建礼門院二位の尼とともに100隻余の御座船でこの湾に来た。それを出迎えた当地の豪族田中秀栄の忠勤を喜んだ宗盛が天皇に上奏し、安徳天皇が座乗する唐船が停泊するこの港を王泊と改めるよう命じたと言われている。この立て札には、この地が山に囲まれ風が吹いても波穏やかで泊地としては適していたことが書かれている。

　「こがね丸」がこの地を選んだ理由はそこにあったのかと納得した。瀬戸内海の女王と言われた「こがね丸」が王泊にいたことは、偶然とはいえ何かの縁を感じる。

海上ホテルこがね丸跡

大泊の云われの立て札

こがね丸と縁のあった船たちの要目とその後

緑丸　大阪商船

1928年11月30日竣工　1,724総トン
三菱神戸造船所建造
全長78.0m　幅11.6m　深さ6.0m
ディーゼル2基2軸2,138馬力　最
　高速力16.3ノット　航海速力14.5
　ノット
旅客定員　1等46名　2等148名
　3等535名　乗組員60名
阪神〜別府航路
1934年　みどり丸と改名
1935年7月3日午前1時、大阪より
　別府に向けて航行中、小豆島蔵ケ
　鼻沖合で大連汽船貨物船「千山丸」
と衝突し、わずか4分間で沈没。乗客160名（162名）中60名が死亡。

緑丸　大阪商船絵葉書

みどり丸「日本の客船1」より

に志き丸　大阪商船

1934年11月24日竣工　1,847総トン
三菱重工神戸造船所建造
全長74.0m　幅12.0m　深さ5.8m
ディーゼル2基2軸2,860馬力　最
　高速力17.3ノット　航海速力14.0
　ノット
旅客定員　1等46名　2等150名
　3等538名　乗組員60名
阪神〜別府航路
1942年5月4日　関西汽船設立のために移籍。譲渡額92万380円である。
1943年3月29日　呉鎮守府　海軍兵学校配属の輸送船

大阪商船絵葉書より

に志き丸　大阪商船時代絵葉書

（海兵団潜水学校に配属）（潜水艦訓
　練の母艦として教室や宿舎に使
　用）
1946年4月15日　国家使用船解除に
　より返還。阪神〜別府航路に復帰
1955年1月7日　大阪港で火災　沈
　没後浮揚

に志き丸　上下両方とも関西汽船時代絵葉書

1971年6月14日　別府航路最終航海
　同月　引退　香港船主シュンタク海運に売却「崋山」(Wah Shan)と改名
1978年　タイ売却「Asava Devi」と改名　メナム河の観光船として就航
1982年　モルジブに売却　「サマー・ダーン」(Samaa Dhaan)と改名
　同年　3月　Maleで係船中に出火、炎上　7月　パキスタンにて解体

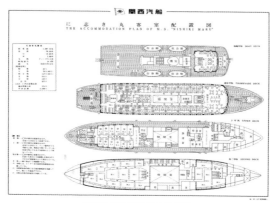

関西汽船時代の客室配置図

るり丸　関西汽船

1948年8月31日竣工　1,922総トン
三菱長崎造船所建造
全長80.8m　幅12.2m　深さ5.8m
ディーゼル2基2軸1,600馬力　最
　高速力14.8ノット　航海速力12.8
　ノット
旅客定員　1等61名　2等134名
　3等454名　乗組員74名

天保山絵葉書

るり丸　両方とも関西汽船絵葉書

阪神～別府航路
1954年　デリックと船倉を取り払う
1961年　主機換装　2,000馬力×2
　となる
1965年　改装　1,875総トンとなる
1966年　救命ボートを降ろしてライ
　フラフトに替える
1971年3月　高松観光便として就航
1975年　小豆島内海湾に係船
1977年5月（6月30日）　サウジアラビアに売却「セント・フランシス」(St.
Francis)改名

船名はるり丸のまま
1977年5月28日安治川にて
迫口充久氏撮影

ゆふ　関西汽船

1971年3月15日竣工　3,359総トン
波止浜造船建造

全長89.83m　幅14.6m　深さ5.9m

ディーゼル2基2軸8,400馬力　最
　高速力21.01ノット　航海速力20
　ノット

旅客定員　1314名　乗用車50台

阪神～別府航路

1971年3月20日　就航

1972年3月　「ゆふ丸」と改名

1975年　改装3,359総トン

1981年　改装3,624総トン

1983年12月　別府航路最終航海　係
　船

　（1984年2月　係船）

1991年　ギリシャのスタビリティ・
　ラインに売却　「ヴァージナ・シ
　ティ」(Vergina City)と改名

1992年　「クレタ・スカイ」(Creta
　Sky)」と改名

1993年　「ヴァージナ（ベルギナ）・
　スカイ」(Vergina Sky)と改名　ア
　ンカーの横　ゆふ丸の文字

2004年2月　解体のためトルコに売却

ゆふ　関西汽船絵葉書

愛媛県星の浦に係船中のゆふ丸

雑誌「ラメール」1998年5・6月号より

［参考文献］

　柳原良平船の本　柳原良平著　至誠堂　昭和 43 年5月

　「客船史」を散歩する　柳原良平著　出版協同社　1979 年3月

　に志き丸　こがね丸 / るり丸　西村慶明著　（有）モデルアート社　平成 18 年 12 月

　小型客船 28 隻組　日本内航客船資料編纂会　昭和 53 年 10 月

　大阪商船 50 年史　　　　　　　　　　　　　昭和9年6月

　大阪商船 80 年史　　　　　　　　　　　　　昭和 41 年5月

　関西汽船 25 年の歩み　　　　　　　　　　　昭和 43 年 12 月

　関西汽船の半世紀　関西汽船海上共済会　1994 年7月

　日本の客船　1　1868 － 1945　野間恒、山田廸生共編　海人社　1991 年7月

　日本の客船　2　1946 - 1993　野間恒、山田廸生共編　海人社　1993 年 10 月

　昭和造船史第一巻　原書房　1977 年 10 月

　船からみた第2次世界大戦から半世紀の神戸港　花谷欣二郎、村井正編集　2013 年 12 月

　船の美学　野間恒著　舵社　昭和 57 年

　商船三井船隊史　野間恒著　平成 21 年4月

　写真と図による残存帝国艦艇　木俣滋郎著　図書出版社　昭和 47 年 12 月

　船の思ひ出　和辻春樹著　弘文社　昭和 23 年3月

　随筆船　和辻春樹著　明治書房　昭和 15 年 12 月

　随筆続船　和辻春樹著　明治書房　昭和 17 年6月

　船舶史稿　各号　船舶部会横浜

　雑誌「旅客船」各号　日本旅客船協会

　雑誌「船の科学」各号　船舶技術協会

　雑誌「世界の艦船」各号　海人社

　雑誌「船と港」各号　船と港編集室

　雑誌「ラメール」各号　日本海事広報協会

『消えた航跡』1、2 の補遺と訂正
－出版以後に見つかった資料、および訂正－

▼前書『消えた航跡』

16頁　東京オリンピック時の大桟橋

右前から「アイベリヤ」「オリアナ」左前から「クアラルンプール」「ジョージアンソン」「フェアスカイ」　『横浜港を彩った客船』より

19頁　マリーンミュージアムSSオリアナのスタンプとリーフレット

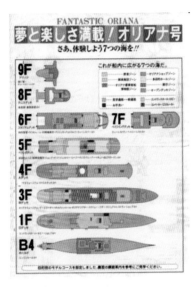

84頁　第拾ぼうぜ丸の写真の追加　　86頁　ニューあしずりの公試の写真

福冨廉氏撮影　　　　　　　　　　村井正氏提供

120頁　ほわいとさんぽう2の就航記念絵葉書

129頁　「第八三宝丸」の船歴　　　木津重俊氏調べ

　1968年（昭和43年）大阪海上運輸（大阪）に売却、「協運丸」と改名
　1972年（昭和47年）長谷運輸商会（大阪）に売却
　1975年（昭和50年）大阪海上運輸（大阪）に売却
　1979年（昭和54年）Sun Rising Shipping Co.S.A., Puerto Cortes、Honduras
　　に売却

　　　　　　　　竹林汽船（和歌山）が「KAYOH MARU」の船名で運航
　1985年（昭和60年）Petro Usindo Corp.S.A. (Samta Private、Ltd)、Panama
　　に売却　「SENOA JAYA」と改名　Lioyd's Register 2006－07年版に掲載

▼前書2 『消えた航跡 2』

23頁　10行　ふりがな「アオキ」 ➡ 「オオギ」

45〜47頁　「フェリーむろと」三代目　村山健氏調べ
　2018年後半よりアラブ首長国連邦に売却され「AL SALMY」と改名
されている。

60頁　11行　「指向」 ➡ 「志向」

東洋町の立て看板

室戸汽船の大型ステッカー

78頁　元宇高連絡船の３隻はインドネシアで活躍している。
　　　藤木洋一氏作成

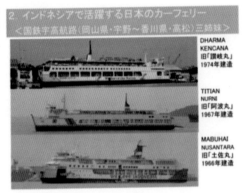

85頁　２行　「新造されて」から加筆　「大阪商船にチャーターさ
れ、南ア東岸、ケープ経由南米東岸の定期船となり」　村井正氏指摘

90頁　　外国の見本市船を加える
　国際見本市船　「写真でみる世界の商船」（木俣滋郎著　成山堂　昭
和48年６月刊）より
　昭和34年、東京の晴海で国際見本市が開かれたがその時、フィリッ
ピンは貿易館には出品せず、代わりに客船型の小型輸送艦ラプラプ
（2,200総トン）が岸壁に横付けし、船上で自慢の物産を展示していた。
当時、ラプラプは大統領のヨットだった（中略）２年後にはインドネ
シアのタムポマス（6,073総トン）が舷側に大きくFloating　Fair「見
本市船」と書いて東京に入港した。

　両船の説明を少し加える。
　「ラプラプ」はフィリピン国賠償使節団が船主で、2,200総トン　全
　長84m　幅13m　深さ7.8m　速力17ノット　1959年（昭和34

年）3月竣工　石川島重工建造

「タムポマス」は1956年オランダ建造　1等～3等140名　甲板客
1,500名　16ノット

ラブラブ　雑誌「船舶」より

タムポマス
「写真でみる世界の商船」より

131頁　13行　「2倍なって」➡「2倍になって」

162頁　16行　「第一次の」を削除

216頁　関西汽船　しずき丸

関西汽船パンフレットより

あとがき

　こんなに早く3冊目を出すとは、夢にも思いませんでした。柳原良平さんの奥様、ご家族の皆様にまずもってお礼を申し上げます。良平さんの年賀状などを本にしたいと、失礼も顧みず突然お手紙を差し上げるとあっさり快諾していただきました。美術著作権センターの佐々木勲さんにもご足労をおかけしました。今回は、良平さんにまつわる船5隻を選びました。偶然「しろがね」「舞子丸」は途中までかなり書いていました。「須磨丸」の原稿は20年ぐらい前にそれなりにできていました。「こがね丸」は西口さんからの資料で始めましたが、絵葉書や資料などは以前から集めていました。「ラーリン」は良平さんにとっては大事な船なので、新しく調査し書きました。今回良平さんの著作など読み返して、その仕事量に驚かされ、活力や洞察力、包容力などをあらためて感じました。

　また本書にも出てくる良平さんの高校時代からの船のお仲間、是則直道氏とは面識はないものの、ひょんなことから手紙、はがきのやり取りを何年間かさせてもらいました。不思議なご縁を感じます。

　前書、前書2から比べると一昔以上前の船が多く、カラーでの資料が少ない時代でした。だからと言って白黒写真を並べるだけでは本を出す意味が薄れると思い、「カラーをできるだけ」の方針は守ったつもりです。

　今回もたくさんの方にお世話になりました。たくさんの地方自治体や博物館、リファレンス対応の図書館、団体にはご丁寧な対応をしていただき、中には長い間調べていただいて分からなかったとお返事を下さり、恐縮することも多々ありました。ありがたいと思っています。

ただ鉄道連絡船研究の第一人者古川達郎氏が『鉄道連絡船細見』（平成20年刊）のあとがきで、こんなことを書かれています。「今回の造船所からの無回答は、… 利害に関係ないからといって、相手を無視する今日の劣化した世相そのままなのか、分からないが、いずれにしても、本来の質問の回答が得られなかった以上に、心の冷える思いであった」。

　私も同感だと思いました。問い合わせをしても無視されることが多く、会社をはじめ業界団体から回答は来ず、図書館や博物館に本を送っても受け入れ葉書も来ず、自社の船が載っていても無視には、いささか驚きました。しかしながらお忙しい方々が、古いことを持ち出すマニアの"遊び"には付き合っていられないことも理解しています。本にする以上、より正確で詳細なことを残したいと思う気持ちが湧いてきます。そうすることによって少しでも船たちの生きざまが明らかになることを願っているからですのでご容赦いただきたいと思います。

　私の狭い部屋から書庫へ階段とも梯子ともつかないものを降りながら、本や資料を探す時が至福の時です。良平さんの家の本の量に触発されたのか、会社の社史や船の本を集めてきました。今原稿を書く上で大いに役立っています。それに今回も古くからお世話になっている先輩の愛好家の皆様や私よりお若い方々に予想以上のご協力をいただき、感激しましたし感謝もしています。また題字は、引き続き高野奇峭先生にお頼みしました。

　最後に、今回も文章の校正、章の構成、配置など細迫節夫さんをはじめ南の風社の社員の皆様にはお世話になりました。

　5年前、ちょうど84歳のお誕生日に亡くなった柳原良平さんのご冥福をお祈りいたします。

お世話になった方や団体

岸田徹也さん　木津重俊さん　鴻上大輔さん　小林義秀さん　佐藤圭一さん
島本雄一郎さん　栖原信裕さん　中沢良夫さん　西口公章さん　福冨廉さん
藤木洋一さん　藤本敏男さん　村井正さん　村山健さん

今治市立図書館　江田島市役所　オーテピア高知図書館　鹿児島県立図書館
神奈川県立図書館　呉中央図書館　高知県立坂本龍馬記念館　小松島市立図書
館　小松島港湾・空港整備事務所　洲本市立図書館　全国修学旅行研究協会
多度津町立明徳会図書館　徳島県立図書館　長崎県立図書館　南海フェリー
日本修学旅行協会　　日本郵船歴史博物館　広島県立図書館　　横浜みなと博
物館　和歌山県立図書館

柳原良平さんとともに駆けた5隻の客船たち

消えた航跡 3

発行日：2020年11月10日

著　者：小松健一郎

発行所：(株)南の風社

　　　　〒780-8040　高知市神田東赤坂2607-72
　　　　Tel 088-834-1488　Fax 088-834-5783
　　　　E-mail edit@minaminokaze.co.jp
　　　　http://www.minaminokaze.co.jp

M.S. "SUMA MARU"　　　　　　　　　　　　　　　　須　磨

関西汽船傭船時代の須磨丸絵葉書

ラーリン　第二次大戦後の改装後のトライアルシーン
「Passenger Liners American Style」より